SCHMAROTZER

Hans Christian Weber

SCHMAROTZER

Pflanzen die von anderen leben

Bildteil 111 Fotos, davon 100 in Farbe

BELSER VERLAG

Titelbild: Blüte (vergrößert) von Epipactis palustris
Echte Sumpfwurz

© 1978 Belser Verlag, Stuttgart. Alle Rechte vorbehalten.
Reproduktion: Köhler & Lippmann, Braunschweig
Satz: Fotosatz Schönthaler, Ludwigsburg
Druck: Bildteil W. Wesel, Baden-Baden,
Textteil Druckhaus Dörr, Ludwigsburg
Buchbinderei: Fikentscher, Darmstadt
Gesamtherstellung: Belser Stuttgart.
Printed in the Federal Republic of Germany.
ISBN 3-7630-1834-4

VORWORT

Die Pflanzen weisen in ihrem Lebensraum immer wieder neue
und überraschende Aspekte auf, wie sie sich in ihrer Umwelt
durchsetzen. Je nach Betrachtungsweise lassen sich Physiolo-
gie, Systematik, Anatomie und andere Disziplinen in der Botanik unterscheiden. Eine völlig andere Seite wird von Hans
Christian Weber aufgetan, der sich mit den grundlegenden
Problemen besonderer Strategien bei der Ernährung der Pflanzen auseinandersetzt. Vielfach täuscht der über der Erde be-
findliche Teil mit all seiner Formen- und Farbenmannigfaltig-
keit darüber hinweg, mit welch raffinierten Mechanismen die
notwendigen Überlebenschancen erkämpft werden müssen.

Um so erfreulicher sind daher die im vorliegenden Buch
dargelegten Ergebnisse über Schmarotzerpflanzen, die mit ihrer
Farbenpracht in hervorragend schönen Abbildungen wiederge-
geben sind. Neben der eindrücklichen Schönheit dieser ökologisch so interessanten Pflanzengruppe wird in allgemein ver-
ständlicher Weise aufgezeigt, was bestimmte Pflanzen in ihrem
Jahrtausende währenden Entwicklungsgang erreicht haben.
Weitere Angaben über Blütenbiologie, Vorkommen, Verwendung und Ableitung der volkstümlichen Namen runden gelun-
gen diesen übersichtlichen Einblick ab.

Das Wertvolle an diesem Buch ist vor allem in seinem leben-
digen Charakter in Wort und Bild zu sehen, durch das uns
die eigentümlichen Schmarotzerpflanzen nähergebracht werden.

Prof. Dr. Sieghard Winkler

Universität Ulm
Abteilung Spezielle Botanik

EINLEITUNG

Wie bei den Tieren findet auch im Pflanzenreich ein ausgeprägter Konkurrenzkampf statt. Im wesentlichen geht es darum,
einen günstigen Lebensraum mit der notwendigen Nahrung
und gleichzeitiger Sicherung für die Nachkommenschaft zu
erobern. Auf welch zum Teil raffiniertem Wege dieser Wett-
streit um den Nahrungserwerb von einigen Blütenpflanzen im
Verlauf der Entwicklungsgeschichte gelöst werden konnte, soll
im folgenden vereinfacht dargestellt werden.

Sieht man von anderen spezialisierten Pflanzengruppen, wie
Bakterien, Pilzen oder Flechten ab und betrachtet nur die Blütenpflanzen, so kann man verallgemeinernd sagen, daß eine
ausreichende Ernährung durch die Ausbildung von Blättern
und Wurzeln gewährleistet wird. Während nämlich Blätter
und alle anderen grünen Pflanzenteile durch das Vorhandensein von Chlorophyll komplizierte chemische Fabriken dar-
stellen, die mit Hilfe von Sonnenenergie organische Substanzen
wie z. B. Zucker oder Stärke produzieren, dienen Wurzeln
hauptsächlich der Aufnahme von Wasser mit den darin gelö-
sten Mineralsalzen, den sogenannten anorganischen Substanzen. Hinsichtlich ihren Ansprüchen an die Ernährung bevorzugen Pflanzen dementsprechend solche Standorte, an denen genügend Licht und nährstoffreicher Boden vorhanden ist. Es
ist daher verständlich, daß in diesen für die Pflanzen optimalen
Lebensräumen ein besonders stark ausgeprägter Konkurrenzkampf herrscht. Im Verlauf der Evolution waren deshalb vermutlich auch aus diesem Grunde zahlreiche Pflanzengruppen
bemüht, einem lebensbedrohenden Kampf aus dem Wege zu
gehen, und zwar in der Weise, daß sie in weniger günstige
und daher dünner besiedelte Lebensräume auswichen. Ohne
dabei größeren Schaden zu erleiden, konnte eine derartige
›langsame Umsiedlung‹ natürlich nur dann gelingen, wenn die
jeweilige Pflanzenart in der Lage war, sich die fehlenden le-

bensnotwendigen Nährstoffe der weniger günstigen Standorte auf anderem Wege zu besorgen. Für einige Pflanzengruppen gab es nur eine Möglichkeit: andere mit den nötigen Nährstoffen versehene Organismen mußten her – tot oder lebendig, freiwillig oder mit Gewalt.

Allein die Anwesenheit dieser fremden Organismen würde den Pflanzen nichts nützen – auf irgendeinem Wege mußten sie versuchen, mit ihnen ›ins Geschäft zu kommen‹. Dies konnte auf verschiedene Art und Weise erfolgen. Man unterscheidet bei den Ernährungsspezialisten der Blütenpflanzen daher hauptsächlich fünf Gruppen: *Pflanzen mit Bakterienknöllchen, Mycorrhiza – Pflanzen, Saprophyten, Parasiten* und *Carnivoren* bzw. *Insektivoren.* Sowohl innerhalb dieser Gruppen als auch zu den normal sich ernährenden Pflanzen findet man oftmals Übergänge – im folgenden sollen daher nur die typischsten und interessantesten Pflanzen beschrieben werden, die in unserem mitteleuropäischen Raum heimisch sind.

PFLANZEN MIT BAKTERIENKNÖLLCHEN

Fast alle *Hülsenfrüchtler (Leguminosen),* zu denen – wirtschaftlich gesehen – so wichtige Pflanzen wie Erbsen, Bohnen, Klee oder Lupinen gehören, können weitgehend als Ernährungsspezialisten bezeichnet werden. Alle Pflanzen dieser Gruppe, zu der übrigens auch die bekannte Familie der *Schmetterlingsblütler (Papilionaceae)* zählt, pflegen nämlich eine ›gutnachbarschaftliche Beziehung‹ mit Bakterien: eine Symbiose, bei der beide Partner aus dem Zusammenleben Vorteile erzielen.

Über die Wurzelhaare solcher Pflanzen dringen bestimmte Bakterien *(Rhizobium)* in die Leguminosenwurzel ein und verursachen dort in der Rinde Zellteilungen größeren Ausmaßes. Durch solche Wucherungen in der Wurzel entstehen Knöllchen von unterschiedlicher Größe und Form (Abb. 1), sog. *Bakterienknöllchen.* Sie dienen den sonst frei im Erdreich lebenden Bakterien als Wohnraum und Speisekammer zugleich. Die

Wirtspflanze duldet also nicht nur Untermieter – vielmehr stellt sie ihnen auch noch die für sie notwendige Nahrung zur Verfügung, denn als heterotrophe (auf organische Nahrung angewiesene) Organismen benötigen Bakterien Kohlenstoffquellen, die sie in den organischen Substanzen der Wirtspflanze vorfinden. Aber es gibt nichts umsonst: Die Untermieter haben ihren Preis zu zahlen. Die Wirtszellen beginnen nämlich nach kurzer Zeit damit, die Mehrzahl der Bakterien zu verdauen (Abb. 2), da sie selbst als Ernährungsspezialisten auf den durch die Bakterien physiologisch verwertbar gemachten Stickstoff angewiesen sind. Aus der anfänglichen Symbiose scheint sich ein mutualistisches Verhältnis entwickelt zu haben: eine Form des Zusammenlebens, bei der ein Partner weit mehr Vorteile erzielt als der andere. Doch der Spieß wird bald wieder umgedreht, denn wenn die Wurzeln der oft einjährigen *Leguminosen*-Pflanzen absterben, bekommen die Bakterien wieder die Oberhand. Sie gelangen nämlich mit den verwesenden Wurzelresten wieder unmittelbar in das Erdreich, wo sie sich rasch erneut vermehren. Indirekt sorgt die Leguminosen-Pflanze damit sogar für die Vermehrung dieser Bakterien.

Fast alle Hülsenfrüchtler sind in Besitz von solchen ›Knöllchenbakterien in Bakterienknöllchen‹. Nur bei wenigen anderen Pflanzen konnte Rhizobium bisher nachgewiesen werden. Im allgemeinen sind die Pflanzenarten dieser Gruppe im mitteleuropäischen Raum für den Blumenfreund von geringerem Interesse – sie werden daher im Bildteil nicht berücksichtigt, um populären bzw. interessanteren Pflanzen Platz zu machen.

MYCORRHIZA-PFLANZEN

Hierunter verstehen wir bei den Angiospermen solche Pflanzen, deren Wurzeln in Form einer Symbiose eine Vergesellschaftung mit *Pilzfäden* eingehen. Das ist deshalb notwendig, da die Mycorrhiza-Pflanzen (myces = Pilz, rhiza = Wurzel) meist nicht allein in der Lage sind, wichtige Kohlenstoffverbindungen aufzunehmen. Diese Ernährungsspezialisten gehören im Pflanzenreich zu den am weitesten verbreiteten. Während Wasserpflanzen vermutlich niemals verpilzt sind, kann man heute davon ausgehen, daß die größte Zahl der Landpflanzen in einer Symbiose mit Pilzen leben, wobei die Art des Zusammenlebens bei den meisten Pflanzen noch weitgehend unbekannt ist. Wenig bekannt ist auch heute noch bei den meisten Mycorrhiza-Pflanzen, wie stark ihre Abhängigkeit zum Partner ist. Während zahlreiche Arten ohne Pilz nicht lebensfähig sind, scheinen sich andere – wenn überhaupt – nur mit einer zusätzlichen Wasserversorgung durch den Pilz zu begnügen. Gewöhnlich werden zwei Typen bei diesen Ernährungsspezialisten unterschieden: die ektotrophe (äußere) Mycorrhiza und die endotrophe (innere) Mycorrhiza. Manche Übergangsformen, die des öfteren beobachtet werden können, werden auch als ektendotroph bezeichnet. Bei den Pilzen handelt es sich meist um *Basidiomyceten*-Arten, (Schirmpilze).

Endotrophe Mycorrhiza-Pflanzen

Bei diesen Ernährungsspezialisten leben die Pilzfäden *(Hyphen)* hauptsächlich innerhalb der Wurzel. Vergleichbar mit den Bakterien bei Leguminosen-Pflanzen dringen auch Pilz-Hyphen meist über die Wurzelhaare in die Rindenzellen ihrer Wirtswurzel ein (Abb. 3). Die Pilzfäden erhalten hier jedoch ständig die für sie notwendigen organischen Nährstoffe; es wird zu keiner Zeit so weit kommen, daß der Großteil der Hyphen von seinem Gastgeber verdaut wird. Die Mycorrhiza-Pflanze erhält als Gegenleistung nun ebenfalls Nährstoffe vom Pilz. Dringen die Pilzfäden nämlich zu weit in das Zentrum der Wurzel, so werden sie kurzerhand abgetötet und zusätzlich verdaut. Der Pilz erreicht daher niemals das für die Wurzel lebensnotwendige Leitungssystem seines Wirtes und kann ihn deshalb auch nicht stärker schädigen.

Zu einer bemerkenswerten Form hat sich diese Symbiose besonders bei den *Orchideen* entwickelt, die hier als *Keimmy-*

cotrophie bezeichnet wird. Da dem Orchideen-Samen die nötigen Wachstums-Vitamine fehlen, ist er ohne den Pilz nicht keimfähig. Selbst erwachsene Orchideen-Pflanzen können am natürlichen Standort bei Abwesenheit der Pilzhyphen Wachstumsstörungen zeigen, sie sind also auch noch im adulten Zustand abhängig von ihrem Pilz. Nicht zuletzt durch diese ausgeprägte Abhängigkeit der Orchideen-Pflanze von ihrem Pilz (hinzu kommt eine lange Entwicklungszeit) ist das meist seltene Vorkommen von Orchideen erklärbar.

Die endotrophen Mycorrhiza-Pflanzen kommen im Pflanzenreich wesentlich öfter vor als die ektotrophen. Es muß allerdings dazu gesagt werden, daß bei wesentlich mehr Pflanzen die Wurzeln äußerlich verpilzt sind; nur liegen über einen eventuell stattfindenden Stoffaustausch so gut wie keine Untersuchungen vor. Neben den Orchideen sollten besonders die *Ericaceen (Heidekrautgewächse)* sowie zahlreiche *Laubbäume* erwähnt werden, die auf solche Weise mycotroph leben.

Ektotrophe Mycorrhiza-Pflanzen

Hier dringt die Mehrzahl der Pilzfäden nicht, wie bei den endotrophen Mycorrhiza-Pflanzen, in die Zellen ihrer Wirte ein, sondern die Pilzhyphen bilden an der Wirtswurzel ein meist dichtes Knäuel. Dieses legt sich mantelartig um die oftmals kurzen, korallenähnlich geformten Seitenwurzeln ihrer Wirte, und nur einige Hyphen ›opfern‹ sich, indem sie in die äußerste Zellschicht der Wurzel des Ernährungsspezialisten wachsen. Prompt werden sie dort aufgelöst, und das nun zugänglich gewordene Pilzplasma kann der Mycorrhiza-Pflanze zusätzlich als Nahrung dienen. Neben zahlreichen anderen Fragen konnte bis heute noch nicht endgültig geklärt werden, auf welche Weise der Pilz die Gegenleistung bekommt und woraus sie besteht.

Ektotrophe Mycorrhiza findet man nur selten bei Kräutern. Vorwiegend hat sich dieser zusätzliche Nahrungserwerb bei *Nadelbäumen* (Fichten, Tannen, Kiefern, Lärchen) sowie bei einigen *Laubbäumen* (Eichen, Buchen, Weiden, Birken) entwickelt.

Da dem Pflanzenfreund zahlreiche Mycorrhiza-Pflanzen wohlvertraut sind, sollen im Bildteil nur einige Orchideen als Beispiel für mycotrophe Ernährung gezeigt werden.

SAPROPHYTEN

Die Schwierigkeit bei der Beschreibung dieser Ernährungsweise liegt einmal darin, daß besonders über Saprophyten nur wenig bekannt ist, zum anderen zahlreiche Übergänge besonders zu endotrophen und ektotrophen Mycorrhiza-Pflanzen gefunden werden können. Da auch Saprophyten im allgemeinen eine Vergesellschaftung mit höheren Pilzen eingehen, werden sie von zahlreichen Wissenschaftlern daher ebenfalls mit zu den Mycorrhiza-Pflanzen gezählt. Saprophyten zeichnen sich jedoch im Gegensatz zu den Mycorrhiza-Pflanzen dadurch aus, daß sie wegen ihres oftmals völligen Fehlens von Chlorophyll nicht mehr photosynthetisch aktiv sein können. Sie müssen daher in stärkerem Maße auch die organischen Substanzen von ihren Partnern, den Pilzen, beziehen. Das muß mit Sicherheit recht kompliziert sein, denn auch die Pilze stellen, wie wir wissen, im Pflanzenreich Saprophyten dar, und sind daher selbst auf organische Stoffe angewiesen. Während einige Saprophyten in der Lage sein sollen, sich Modersubstanzen im Boden als Nahrungsquelle selbst aufzuschließen, und Pilzhyphen weitgehend nur die bei den Mycorrhiza-Pflanzen beschriebene Rolle einnehmen, scheinen andere Saprophyten anspruchsvoller im Nahrungserwerb zu sein. So gibt es z. B. einige saprophytische Blütenpflanzen, die sich mit Hilfe der Pilzfäden organische Nährstoffe von anderen höheren Pflanzen aneignen. Das ist dadurch möglich, daß die Hyphen eines Pilzes einmal mit der saprophytisch sich ernährenden Blütenpflanze, zum anderen gleichzeitig mit einem weiteren Ernährungsspezialisten (einer ›normalen‹ Mycorrhiza-Pflanze) in Verbindung

11

stehen. Durch derartige unterirdische ›Brückenbildungen‹ kann ein Saprophyt an die organischen Nährstoffe von Mycorrhiza-Pflanzen gelangen. Gegenüber der Mycorrhiza-Pflanze verhält sich der Saprophyt ausgesprochen parasitisch, während der Pilz mit beiden Pflanzen in Symbiose steht. Diese abenteuerliche Möglichkeit der Brückenbildung durch Pilzfäden hat in den letzten Jahren völlig neue Aspekte aufgeworfen, denn sämtliche Kombinationen zwischen Ernährungsspezialisten mit verpilzten Wurzeln sind dadurch denkbar geworden. Nicht nur für den Ökologen dürften derartige ›unterirdische Zusammenhänge‹ von größtem Interesse sein, denn wer denkt schon beim Fällen eines Baumes daran, daß dadurch vielleicht die wichtigste Nahrungsquelle für eine seltene saprophytische Blütenpflanze versiegen könnte, oder daß beispielsweise der eifrige Pilzsammler an einem bestimmten Standort der Ausrottung einer Blütenpflanze Vorschub leistet.

Während im gesamten Pflanzenreich die Saprophyten recht weit verbreitet sind *(Bakterien, Pilze, Farne)*, findet man bei den heimischen Blütenpflanzen nur wenige saprophytische Arten (Fichtenspargel, einige Orchideen). Als halbsaprophytisch bezeichnet man auch Ericaceen (Heidekrautgewächse) sowie Rhododendron (Alpenrosen) oder Pyrola (Wintergrün), wobei von zahlreichen Wissenschaftlern diese ›grünen Saprophyten‹ als Mycorrhiza-Pflanzen angesehen werden. Um diesen schwierigen Fragen aus dem Wege zu gehen, möchte ich im folgenden nur solche Pflanzen als *echte Saprophyten* bezeichnen, die völlig chlorophyllos sind und verpilzte Wurzeln besitzen.

Als Übergangsformen von mycotropher zu saprophytischer Ernährung gelten solche Pflanzen, die nahezu chlorophyllos sind, meist gelbliche Pflanzen also, bei denen die Chloroplasten reduziert und damit nicht voll funktionstüchtig sind.

Bei allen bisher beschriebenen Ernährungsweisen handelte es sich um Symbiosen von höheren mit niederen Pflanzen. Da diese niederen Organismen (Bakterien oder Pilze) ihrerseits ebenfalls lebensnotwendige Nährstoffe von anderen Organismen beziehen müssen, mag es auf den ersten Blick merkwürdig

erscheinen, daß sich die Ernährungsspezialisten der Blütenpflanzen ausgerechnet solche Symbionten suchen. Dieses Be-
streben ist jedoch durchaus einsichtig, denn der stattfindende
›Nahrungsaustausch‹ liegt im Interesse beider Partner.

PARASITEN

Wissenschaftlich gesehen handelt es sich nur bei diesen Ernährungsspezialisten um echte Schmarotzerpflanzen. Pflanzen, die
mit Hilfe von besonderen Kontaktorganen, den sog. *Haustorien*, andere Pflanzen angreifen und in diese eindringen. Nach
unserer bisherigen Erkenntnis erhalten die Wirte von den
Schmarotzerpflanzen in der Regel keinerlei Gegenleistung –
ja, sie können sogar ›froh‹ sein, wenn sie solche oftmals massi-
ven Angriffe überleben. Die Haustorien der Parasiten verwun-
den nämlich nicht nur äußerlich die Wirtspflanze, sondern
durchwuchern das Wirtsgewebe und bewirken oftmals das Absterben von Wurzeln oder Sprossen, ja selbst der ganzen Pflanze. Die Haustorial-Zellen des Parasiten wachsen bis zu den
Leitungsbahnen der Wirtspflanze, zapfen diese an und gelangen dadurch an die wichtigen Nährstoffe. Alle nicht grünen
(chlorophyllosen) Schmarotzerpflanzen werden als heterotrophe Parasiten (Voll- oder Ganzparasiten) bezeichnet. Im Gegensatz zu den autotrophen Parasiten (›grüne Parasiten, Halbparasiten‹) benötigen Vollparasiten von ihren Wirtspflanzen
nicht nur Wasser und Mineralsalze, sondern auch organische
Nährstoffe. Die Einteilung der Schmarotzerpflanzen in Voll-
und Halbparasiten erweist sich in einigen Fällen als äußerst
schwierig, da es zahlreiche nicht leicht einzuordnende Übergangsformen gibt, sog. ›halbgrüne Parasiten‹. Wie bei einigen
Saprophyten sind sie meist etwas gelblich-grün, besitzen also
für die eigene Produktion von organischer Nahrung zu wenig
bzw. zu stark reduzierte Chloroplasten. Zudem unterscheidet
man die Schmarotzerpflanzen in Sproß- und Wurzelparasiten.
Während Sproßparasiten meist mit den oberirdischen Organen

ihrer Wirtspflanze in Verbindung stehen, attackieren Wurzelparasiten vorwiegend die Wurzeln ihrer Wirte.

Um den Vorgang des Parasitierens besser zu verstehen, wollen wir uns etwas intensiver den Kontaktorganen zuwenden,
die bei unseren einheimischen Parasiten vorkommen. An einer
bestimmten Stelle bilden sich – beispielsweise bei Wurzelparasiten – an der Schmarotzerwurzel oftmals lange Haare. Gleichzeitig teilen sich die Rindenzellen, so daß – ähnlich wie bei
den Bakterienknöllchen – kleine meist kugelförmige Gebilde
entstehen, die sich mit Hilfe der langen Wurzelhaare auf der
Wirtswurzel verankern (Abb. 4). Mechanisch und enzymatisch
wird die Wirtswurzel an dieser Stelle aufgelöst und auseinan-
dergedrückt, so daß die inneren Zellen eines solchen Haustoriums in das Wirtsgewebe eindringen können (Abb. 5). Haben
diese langen schlauchartigen Schmarotzerzellen die Leitbahnen
der Wirtspflanze erreicht, so hören sie bei etlichen Schmarotzerarten auf zu wachsen. Durch ein ausgeklügeltes Leitungssystem im Haustorium (Abb.6) ist der Schmarotzer nun in
der Lage, dem Wirt wichtige Nährsubstanzen zu entziehen
und diese in die eigene Wurzel zu transportieren. Dieser hier
sehr vereinfacht dargestellte Vorgang ist in Wirklichkeit viel
komplizierter und oftmals von Schmarotzer- zu Schmarotzer-
gruppe sehr unterschiedlich. Während die Kontaktorgane mancher Schmarotzerpflanzen ganz einfach aufgebaut sind, finden
wir bei anderen ein überaus kompliziertes Organ vor. Selbst
nah miteinander verwandte Schmarotzerpflanzen können
schon in der äußeren Form des Haustoriums beträchtliche
Unterschiede aufzeigen (Abb. 7). Während sich zahlreiche Parasiten wie normale Pflanzen entwickeln, ist die besondere
Entwicklungsweise mancher Schmarotzerpflanzen recht interessant. So entwickelt z. B. eine ganz junge Keimpflanze von
Lathraea squamaria L. (Schuppenwurz) so schnell wie möglich
ein Haustorium (Abb. 8), um sofort eine Nahrungsquelle zur
Verfügung zu haben. Die dann immer noch unterirdisch wachsende ältere Lathraea-Pflanze, die bekanntlich ja mehrjährig
ist, besitzt schließlich bis zu mehrere hundert solcher Kontakt-

14

organe (Abb. 9). Da diese Schmarotzerart jedoch vorwiegend auf Baumwurzeln anzutreffen ist, vermag sie der robusten Wirtspflanze keinen sichtbar großen Schaden zuzufügen. Dennoch sind aus wirtschaftlicher Sicht zahlreiche andere Parasitenarten von besonderem Interesse. Während Sproßparasiten (vorwiegend *Loranthaceen, Mistelgewächse)* besonders in Nordamerika, oder andere in Australien, beachtliche forstwirtschaftliche Schäden anrichten können, werden in zahlreichen Ländern besonders durch vollparasitische Wurzelschmarotzer landwirtschaftliche Erträge in erheblichem Maße bedroht. Die Mehrzahl der parasitischen Blütenpflanzen in unserer heimischen Flora stellt hingegen keine unmittelbare Gefahr dar. (Näheres zum Parasitismus: siehe die jeweilige Beschreibung der Art im Bildteil.)

Zu den bekanntesten heimischen Sproßparasiten gehören die *Mistel (Viscum)* und die *Kleeseide (Cuscuta).* Bei den Wurzelparasiten sind es hauptsächlich die *Sommerwurzgewächse (Orobanchaceae),* zahlreiche *Rachenblütler (Scrophulariaceae)* und *Leinblattgewächse (Santalaceae).*

CARNIVOREN, INSEKTIVOREN

Die meisten *fleischfressenden Pflanzen (Carnivoren)* sind in Bezug auf ihre mineralische Ernährung weitgehend selbständig, da sie ein – wenn auch reduziertes, so aber doch fast normales – Wurzelsystem besitzen. Das Vorhandensein grüner Laubblätter ermöglicht ihnen sogar, die organischen Substanzen selbst zu produzieren. Demzufolge ist ihr Tierfang nicht unbedingt lebensnotwendig, vielmehr kann durch ihn eine zusätzliche Quelle zu heterotropher Nährstoffzufuhr erschlossen werden. Allem Anschein nach trägt diese zusätzliche Nährstoffquelle dennoch der Erhaltung der Art bei, denn bei reichhaltigem Angebot soll die Blühphase ausgelöst und damit die Samenproduktion erreicht werden. Im wesentlichen werden den gefangenen und zersetzten Tieren nur Eiweißstoffe, und zwar Stickstoffverbindungen entzogen. Die Pflanzen sind so in der Lage, stickstoffarme Standorte, wie z. B. Moore, zu besiedeln.

Bei den meisten uns bekannten Fleischfressern im Pflanzenreich sind die Blätter zu Tierfallen umgebaut worden. An solchen Blättern befinden sich neben zahlreichen anderen Organen Drüsen, die die gefangene Beute verdauen. Derartige Verdauungsdrüsen *(Digestionsdrüsen)* enthalten zersetzende, meist pepsinähnliche Stoffe. Bei einigen fleischfressenden Pflanzen fehlen die Verdauungsdrüsen. In einer mit Flüssigkeit gefüllten Blattkanne verfaulen die Tiere nach dem Tod durch Ertrinken und werden durch besondere Bakterien zersetzt; die Eiweißstoffe können dann mit Hilfe absorbierender Drüsen oder auch einfach durch Epidermiszellen aufgenommen werden.

Carnivoren können sich demnach bei der Zubereitung ihrer Nahrung völlig passiv verhalten. Es ist deshalb durchaus möglich, daß auch in unserer heimischen Flora weitaus mehr Pflanzen carnivor leben, als uns heute bekannt ist. Einige solcher Grenzfälle finden wir vielleicht bei der Karde *(Dipsacus)* oder bei einigen Rachenblütlern (Abb. 10). So besitzt z. B. die Schmarotzerpflanze *Tozzia alpina* L. (Alpenrachen) an der unterirdisch gelegenen Sproßbasis fleischige Blätter, die mit der Außenwelt in Verbindung stehende Höhlen vorweisen. Die Innenwände dieser Höhlen sind mit zahlreichen Drüsen ausgekleidet, wobei die eine Drüsenart (Schilddrüse) als Wasserregulator dient – die Funktion der anderen Drüsenart (Köpfchendrüse) hingegen immer noch weitgehend unbekannt ist (Abb. 11). Da von einigen Wissenschaftlern sehr oft kleine Tierchen in den Höhlen von Tozzia (übrigens auch bei der Schuppenwurz) gefunden wurden, besteht die Möglichkeit, daß sich diese Pflanze nicht nur parasitisch, sondern auch insektivor bzw. carnivor ernährt. Bei uns kommen der *Sonnentau* und noch einige andere Land- und Wasserpflanzen als Fleischfresser vor, über deren Lebensweise und Fangeinrichtungen bei den Bildbeschreibungen ausführlicher berichtet wird.

1 Cypripedium calceolus Frauenschuh

2 CEPHALANTHERA RUBRA Rotes Waldvöglein

3 Epipactis palustris Echte Sumpfwurz

4 PLATANTHERA CHLORANTHA
Grünliche Waldhyazinthe

5 GYMNADENIA CONOPEA
Mücken-Händelwurz

6 NIGRITELLA NIGRA   Schwarzes Kohlröschen

7   Dactylorhiza sambucina   Holunder-Knabenkraut

8 DACTYLORHIZA MACULATA Geflecktes Knabenkraut

9 Dactylorhiza majalis Breitblättriges Knabenkraut

10   HERMINIUM MONORCHIS   Honigorchidee

11 OPHRYS FUCIFLORA Hummel-Ragwurz

12 ORCHIS PALLENS Bleiches Knabenkraut

13 ORCHIS MASCULA Manns-Knabenkraut

14   ACERAS ANTHROPOPHORUM   Fratzenorchis

ANACAMPTIS PYRAMIDALIS
Pyramidenorchis

16 HIMANTOGLOSSUM HIRCINUM
Riemenzunge

17   LIMODORUM ABORTIVUM   Dingel

18   Limodorum abortivum   Dingel

19 Corallorhiza trifida Korallenwurz

21 NEOTTIA NIDUS-AVIS
Vogelnestwurz, Fruchtstände

) NEOTTIA NIDUS-AVIS
Vogelnestwurz

22 NEOTTIA NIDUS-AVIS
Vogelnestwurz, Rhizom mit Wurzeln

23   Neottia nidus-avis Vogelnestwurz

24 EPIPOGIUM APHYLLUM Widerbart

25 Epipogium aphyllum Widerbart

26 Monotropa hypopitys Fichtenspargel

27 Viscum album Weiße Mistel, auf Apfelbaum

28　VISCUM ALBUM　Weiße Mistel, Beeren

29　VISCUM ALBUM　Weiße Mistel, Samen im Vogelkot

30 VISCUM ALBUM   Weiße Mistel, Same

31 VISCUM ALBUM Weiße Mistel, Kontaktorgan

32 VISCUM ALBUM Weiße Mistel, junge Pflanze

33   Cuscuta europaea   Europäische Seide

34   Cuscuta europaea   Europäische Seide

35 CUSCUTA EPITHYMUM   Quendel-Seide

36　Cuscuta epithymum　Quendel-Seide

37 THESIUM BAVARUM Bayerisches Leinblatt

38 THESIUM BAVARUM Bayerisches Leinblatt

40 THESIUM ALPINUM
Alpen-Leinblatt

39 THESIUM PYRENAICUM
Wiesen-Leinblatt

41 THESIUM ROSTRATUM
Schnabelfrüchtiges Leinblatt, Frucht

42 Pedicularis palustris Sumpf-Läusekraut

43 Pedicularis silvatica   Wald-Läusekraut

44 Pedicularis sceptrum-carolinum Karlszepter

45   P<small>EDICULARIS</small> <small>SCEPTRUM-CAROLINUM</small>   Karlszepter

PEDICULARIS VERTICILLATA
Quirl-Läusekraut

PEDICULARIS FOLIOSA
Durchblättertes Läusekraut

48 PEDICULARIS FOLIOSA
Durchblättertes Läusekraut

49 PEDICULARIS RECUTITA Beschnittenes Läusekraut

50 PEDICULARIS TUBEROSA Knollen-Läusekraut

51 PEDICULARIS ROSTRATO-CAPITATA Geschnäbeltes Läusekraut

52   PEDICULARIS ROSTRATO-CAPITATA   Geschnäbeltes Läusekraut

53 BARTSIA ALPINA Gemeiner Alpenhelm

54 BARTSIA ALPINA Gemeiner Alpenhelm

55 Odontites rubra Roter Zahntrost

56 ODONTITES RUBRA Roter Zahntrost

57 Euphrasia rostkoviana   Großer Augentrost

58 EUPHRASIA ROSTKOVIANA Großer Augentrost

59 EUPHRASIA STRICTA Steifer Augentrost

60 Rhinanthus alectorolophus   Zottiger Klappertopf

61 RHINANTHUS MINOR Kleiner Klappertopf

62 RHINANTHUS MINOR Kleiner Klappertopf

63 Rhinanthus aristatus Grannen-Klappertopf

64   Rhinanthus aristatus   Grannen-Klappertopf

66 MELAMPYRUM PRATENSE Wiesen-Wachtelweizen

67 MELAMPYRUM PRATENSE   Wiesen-Wachtelweizen

68   MELAMPYRUM SILVATICUM   Wald-Wachtelweizen

69 MELAMPYRUM SILVATICUM Wald-Wachtelweizen

70 MELAMPYRUM CRISTATUM Kamm-Wachtelweizen

71 MELAMPYRUM ARVENSE Acker-Wachtelweizen

72 Melampyrum nemorosum   Hain-Wachtelweizen

73 Tozzia alpina   Alpenrachen

74 Tozzia alpina Alpenrachen

75 LATHRAEA SQUAMARIA   Gemeine Schuppenwurz

76 Orobanche gracilis Zierliche Sommerwurz

77 Orobanche lutea Gelbe Sommerwurz

78 OROBANCHE LUTEA Gelbe Sommerwurz

79   OROBANCHE ALSATICA
Elsässer Sommerwurz

80   OROBANCHE VULGARIS
Labkraut-Sommerwurz

81   OROBANCHE VULGARIS
Labkraut-Sommerwurz

82   OROBANCHE TEUCRII
Gamander-Sommerwurz

83 D<small>ROSERA</small> <small>ROTUNDIFOLIA</small> Rundblättriger Sonnentau

84 DROSERA ROTUNDIFOLIA Rundblättriger Sonnentau

85   Drosera rotundifolia   Rundblättriger Sonnentau

86 DROSERA ROTUNDIFOLIA Rundblättriger Sonnentau, Blüte

87 DROSERA ANGLICA Langblättriger Sonnentau

88 Drosera anglica   Langblättriger Sonnentau

89 Drosera anglica Langblättriger Sonnentau, Blüte

90   DROSERA INTERMEDIA   Mittlerer Sonnentau

91 DROSERA INTERMEDIA Mittlerer Sonnentau, Blütenstand

92 DROSERA INTERMEDIA Mittlerer Sonnentau, Drüsen

93 Pɪɴɢᴜɪᴄᴜʟᴀ ᴠᴜʟɢᴀʀɪs   Gemeines Fettkraut

94   Pinguicula vulgaris   Gemeines Fettkraut, Blüten

95 PINGUICULA VULGARIS Gemeines Fettkraut, Blattoberfläche

96 Pinguicula alpina Alpen-Fettkraut

97 UTRICULARIA VULGARIS Gemeiner Wasserschlauch, Seitenzweig

98 UTRICULARIA VULGARIS Gemeiner Wasserschlauch, Fangblasen

99 UTRICULARIA VULGARIS   Gemeiner Wasserschlauch, Blütenstand

100 Utricularia vulgaris Gemeiner Wasserschlauch

Abb. 1: Bakterienknöllchen (Größe: 1,5 cm) einer Leguminosen-Pflanze.

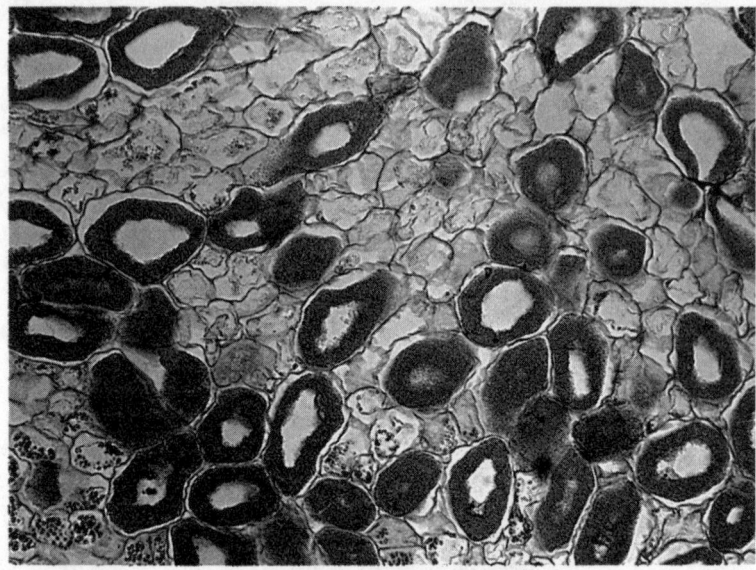

Abb. 2: Querschnitt durch das Bakterienknöllchen einer Lupine, in dem zahlreiche Zellen mit Rhizobium gefüllt sind.

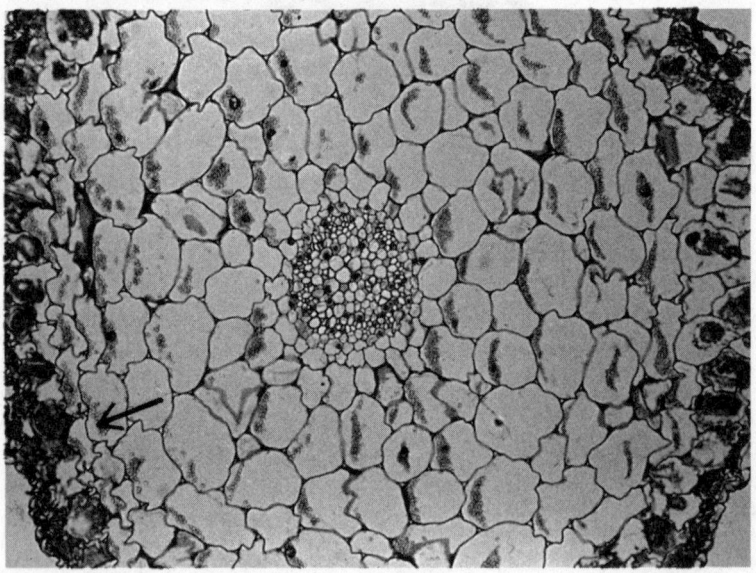

Abb. 3: Pilzfäden in den peripheren Zellen einer Mycorrhiza-Wurzel (Querschnitt).

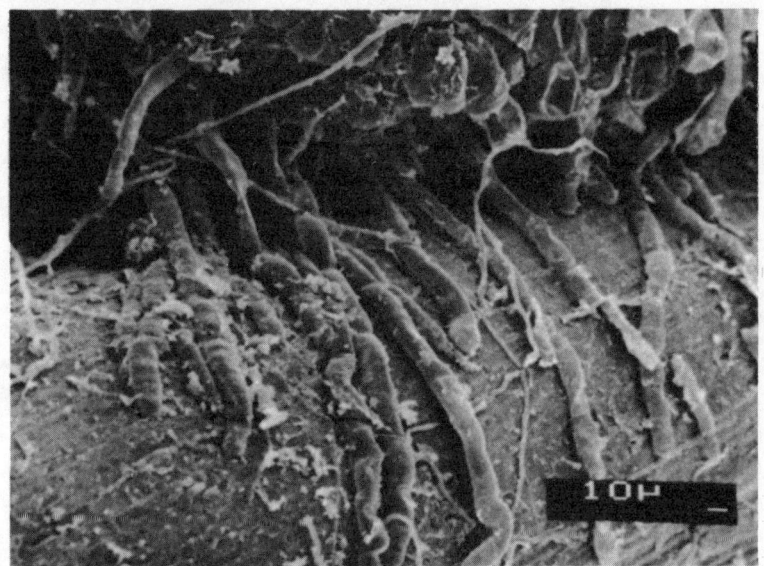

Abb. 4a): Wurzelhaare eines Pedicularis-Haustoriums umgreifen die Wirtswurzel.

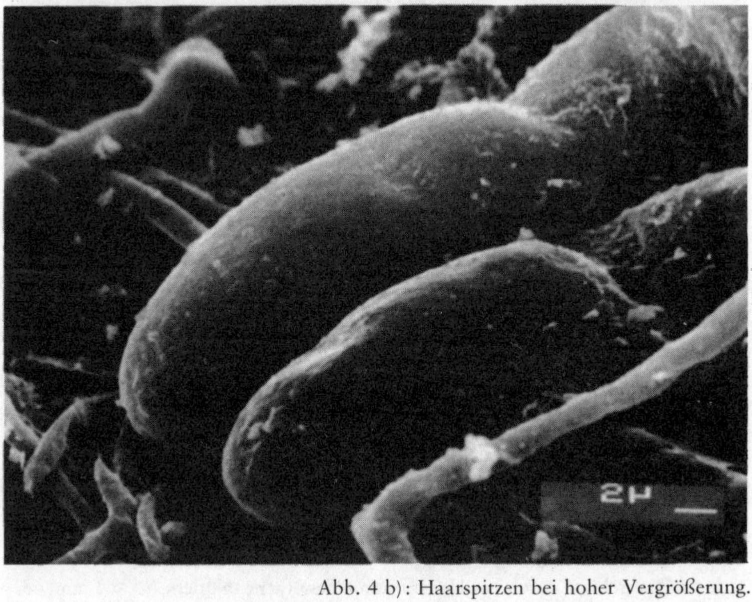

Abb. 4 b): Haarspitzen bei hoher Vergrößerung.

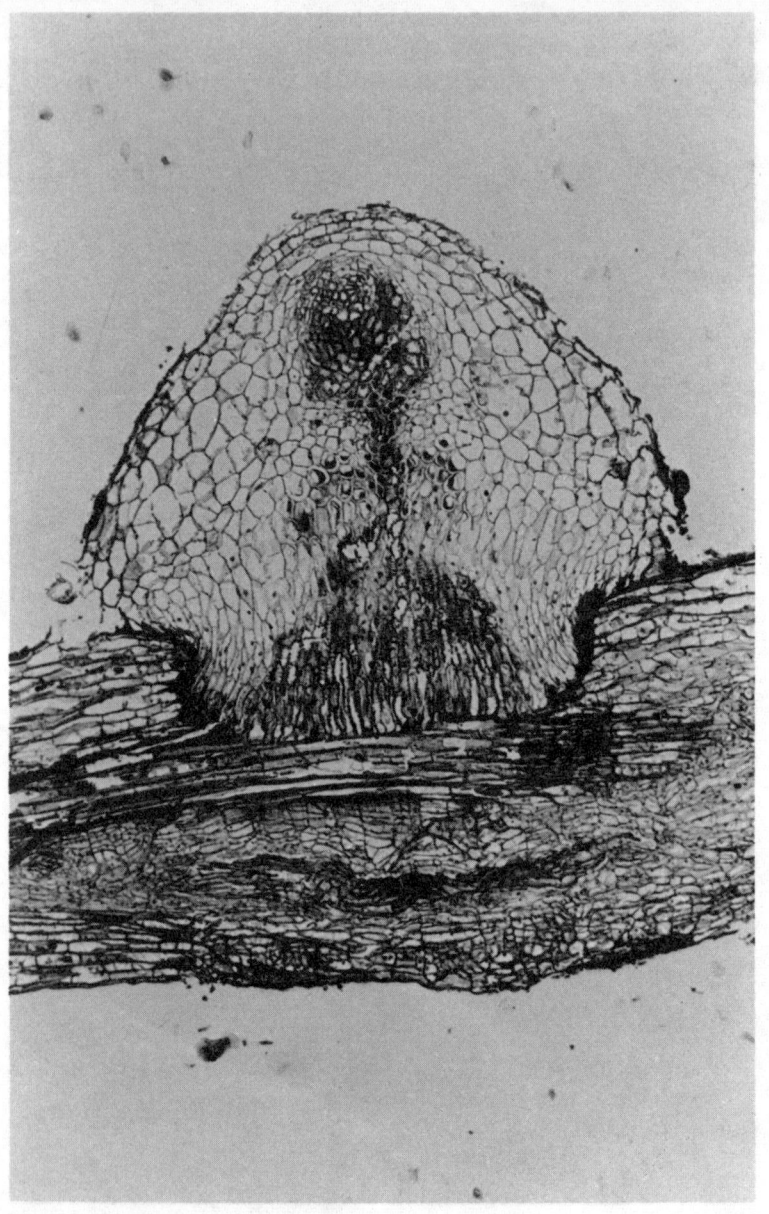

Abb. 5: Querschnitt durch ein Haustorium eines Rachenblütlers (∅ ≈ 1 mm), das eine Wirtswurzel (unten) attackiert.

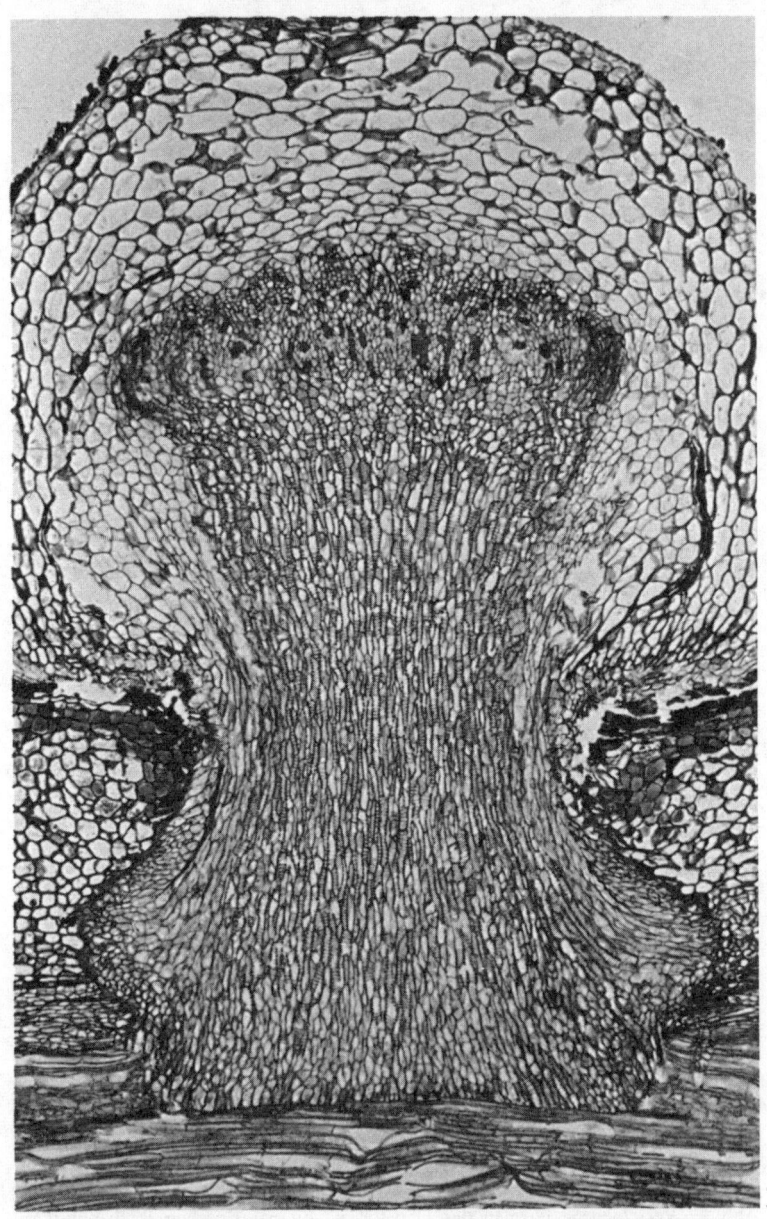

Abb. 6: Wasser-Leitbahnen in einem Haustorium von Thesium.

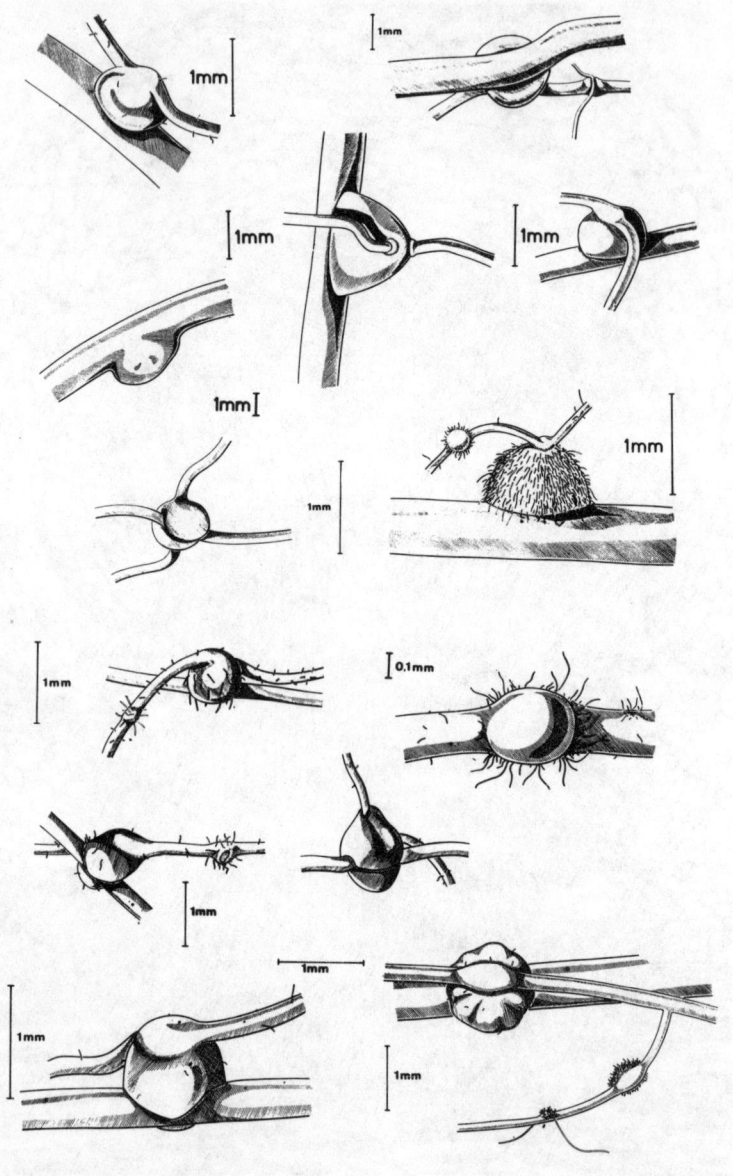

Abb. 7: Verschiedene Formen der Haustorien von parasitischen Rachenblütlern.

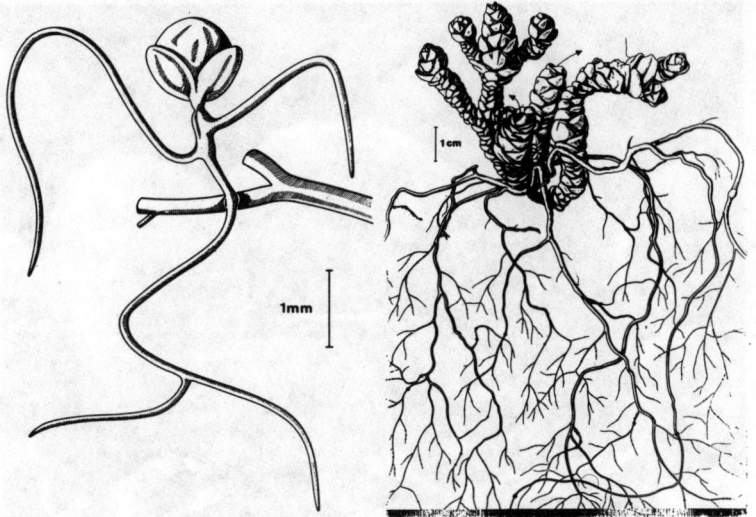

Abb. 8: Junge Keimpflanze (Schuppenwurz, Lathraea squamaria), die bereits
eine Wirtswurzel angreift.

Abb. 9: Eine mehrere Jahre alte Lathraea-Pflanze, die an den Wurzeln zahlreiche Haustorien besitzt.

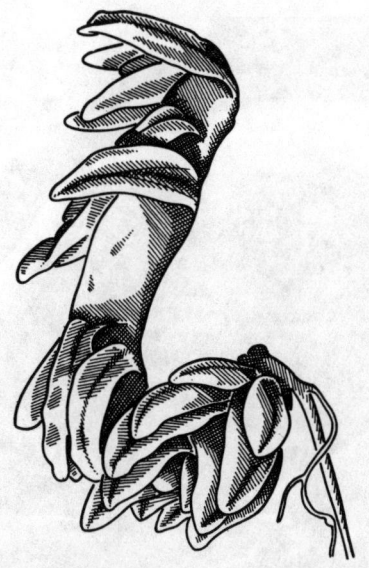

Abb. 10: Junge Tozzia-Pflanze (Alpenrachen), die sich vielleicht zusätzlich von kleinen Tieren ernährt. (Länge der Pflanze: ca. 2,5 cm).

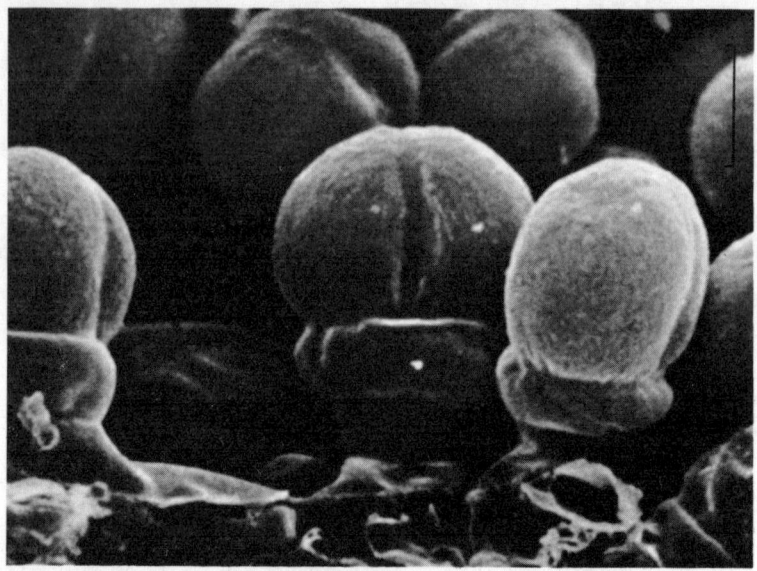

Abb. 11: Köpfchendrüsen (oben), Schilddrüsen (unten) in den Schuppenblättern vom Alpenrachen; Maßstab entspricht 0,01 mm.

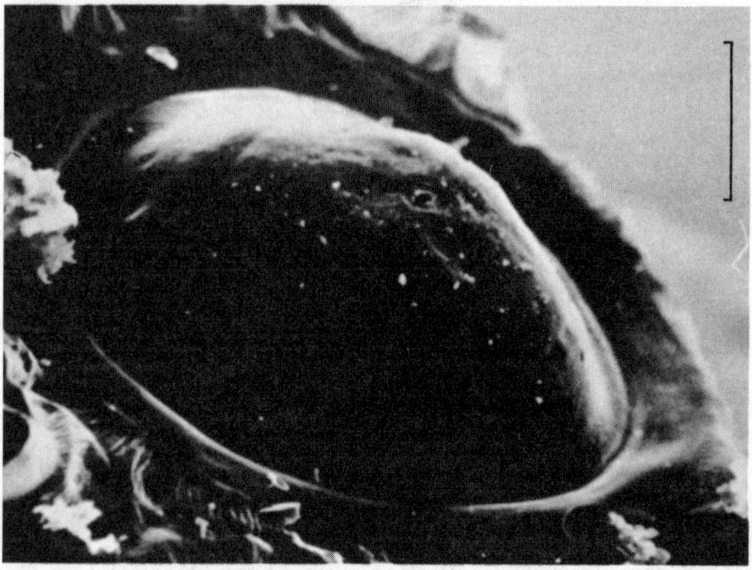

1   CYPRIPEDIUM CALCEOLUS L., Frauenschuh
     Familie: Orchidaceae (Knabenkräuter, Orchideen)
     Ernährungsart: Mycorrhiza-Pflanze
     Blütezeit: Mai–Juli

Der Frauenschuh wird im Volksmund auch mit dem Namen
Pantoffelblume oder Holzschuh bezeichnet und gehört sicherlich mit zu den bekanntesten heimischen Orchideen – zumindest weiß der Interessierte, daß solche Pflanzen nicht nur im
Gewächshaus gedeihen. Dennoch ist vermutlich nur den wenigsten Blumenfreunden bekannt, daß sich diese überaus dekorative Pflanze mit Hilfe von Pilzen ernährt, also mycotroph
ist. Wie alle Orchideen besitzt auch der Frauenschuh ein Rhizom (unterirdischer Sproß), das hier meist stark verzweigt ist.
Die breit-elliptischen großen Laubblätter sind stengelumfas-
send und werden im Gebirge leicht mit denen des Weißen
Germer (Veratrum album L.) verwechselt. Jeder Stengel besitzt
in der Regel zwei Blüten (seltener eine), die von sehr auffälliger
Farbe und Gestalt sind. Zwischen dem ungefähr 5 cm langen
Schuh, der glänzend zitronen- bis goldgelb gefärbt ist, und
dem langen Fruchtknoten befinden sich bräunliche Perigonblätter (Sepalen und Petalen), von denen die seitlichen (Petalen)
deutlich spiralig gedreht sind. Während an hellen Standorten
die Perigonblätter purpur bis schokoladenbraun sind, können
sie bei Pflanzen dunklerer Standorte manchmal leicht ergrünen.
  Obwohl der Frauenschuh wie fast alle anderen Orchideen-
Arten pro Blüte eine außerordentlich hohe Samenzahl hat,
gehört auch er zu den seltenen, geschützten Pflanzen unserer
Flora. Das seltene Vorkommen liegt einerseits an der starken
Abhängigkeit vom symbiontischen Partner – ohne das Vorhandensein einer bestimmten Pilzart ist der Orchideen-Samen nicht
keimfähig – zum anderen beträgt die Zeit der Entwicklung
vom Samen bis zur blühfähigen Pflanze ungefähr 10 Jahre.
  Der Frauenschuh weist zahlreiche Phänomene auf, von denen hier aus Platzgründen nur auf einige eingegangen werden
soll. So ist der Schuh für die Fortpflanzung der Pflanzenart

von großer Bedeutung. Wir haben es hier nämlich mit einer sogenannten Kesselfallenblüte zu tun. Das heißt nicht, daß Insekten in dem Schuh verdaut werden, die Pflanze also ein Fleischfresser ist, wie man gelegentlich hören kann, sondern daß die Insekten lediglich zur Bestäubung ›gezwungen‹ werden. Nektarsuchende Insekten fliegen zwar in den Schuh und kommen auch wegen der glatten und nach innen gebogenen Wände nicht wieder sofort heraus, zum Tode verurteilt sind sie jedoch nicht – das wäre auch unklug, denn die Bestäubung ist noch nicht vollzogen. Nach einiger Zeit des Herumirrens wird das Insekt irgendwann durch Lichteinfall an der ›Ferse‹ des Schuhes (hier ist eine lichtdurchlässige, glasige Wandpartie) angelockt. Auf diesem Weg gelangt es tatsächlich in die Freiheit, muß sich aber vorher noch durch weibliche und männliche Blütenteile hindurchzwängen. Um eine erfolgreiche Bestäubung auch von kleineren Insekten zu gewährleisten, hat sich die Natur eine weitere Raffinesse ausgedacht. Sie hat den Weg der Insekten nämlich haarig gestaltet, so daß die freiheitsuchenden Tierchen ›auf Zehenspitzen‹ krabbelnd mit dem Rükken die Geschlechtsteile der Blüte berühren.

Der Frauenschuh ist in allen Gebieten der nördlich gemäßigten Zone vertreten. Bevorzugte Standorte sind schattige Wälder und kalkhaltige Trockenhänge (oft mit Wacholder, Juniperus). Die Pflanzen können im Gebirge bis zu 1600 m N.N. angetroffen werden, kommen aber auch in der Ebene vor.

2   CEPHALANTHERA RUBRA (L.) Rich.,
     Rotes Waldvöglein
     Familie: Orchidaceae (Knabenkräuter, Orchideen)
     Ernährungsart: Mycorrhiza-Pflanze
     Blütezeit: Mai–Juli

Von den ungefähr 20 000 Orchideen-Arten gehören 12 zur Gattung Cephalanthera. Drei Arten kommen davon auch im mitteleuropäischen Raum vor, das Weiße, C. damasonium (MILL.)

DRUCE, das Schwertblättrige, C. longifolia (L) FRITSCH., und das Rote Waldvöglein. Von diesen drei Arten besitzt nur Cephalanthera rubra keine reinweißen Blüten und gehört dadurch wohl zu den attraktiveren Vertretern dieser Gattung. Wie der Name bereits verrät, ist die Blütenfarbe hellrot bis violett. Ein dekorativer Kontrast wird durch die zum Teil weißliche Lippe hervorgerufen. Die Pflanzen können bis zu einem halben Meter hoch werden; die ca. 6–10 Blüten bilden eine aufgelokkerte, traubige Infloreszenz (Blütenstand). An dem schlanken Stengel stehen alternierend ungefähr ein halbes Dutzend breit lanzettliche leicht grünlichblau überlaufene Laubblätter, die im Bereich des Blütenstandes immer noch laubig und länger als der Fruchtknoten sind. Während bei den beiden anderen Cephalanthera-Arten die Blüten immer nur dann geöffnet sind, wenn sie längere Zeit direkter Sonnenbestrahlung ausgesetzt waren, bleiben beim Roten Waldvöglein die Blüten geöffnet. Durch die steif abstehenden Perigonblätter ist diese Orchideen-Gattung zu ihrem Namen gekommen. Die Blüte ähnelt dadurch nämlich (mit etwas Phantasie) einem Vögelchen mit geöffnetem Schnabel. Rein weiße Blüten können bei Pflanzen vom Roten Waldvöglein hin und wieder vorkommen. Es handelt sich dann um sog. Albinos, die auch bei anderen Orchideen-Arten nicht selten sind. Bei Cephalanthera rubra bereitet die Unterscheidung zu den sonst üblichen weißen Arten der Gattung auch aufgrund des charakteristischen Habitus der Pflanzenart keine Schwierigkeit.

Bei den meisten Arten dieser ausgeprägt mycotrophen Orchideen-Gattung reicht das Verbreitungsgebiet vom Kaukasus bis zum Mittelmeerraum. Die drei hier genannten Cephalanthera-Arten kommen vorwiegend in Mitteleuropa vor. Alle drei Arten sind kalkliebend. Während die hier beschriebene Art, das Rote Waldvöglein, an hellen Standorten bis 1800 m N.N. angetroffen werden kann, ziehen die beiden anderen heimischen Arten eher schattige Laubwälder vor.

3   EPIPACTIS PALUSTRIS (L.) Cr., Echte Sumpfwurz,
       Sumpfsitter
       Familie: Orchidaceae (Knabenkräuter, Orchideen)
       Ernährungsart: Mycorrhiza-Pflanze
       Blütezeit: Juni–August

Die Taxonomie der Orchideen-Gattung Epipactis ist nur unzureichend bekannt. Von den ungefähr 30 Arten sind mehr als
die Hälfte in Asien beheimatet, einige Vertreter kommen jedoch auch in unserem Gebiet vor. Neben dem Sumpfsitter
sind wohl der Breitblättrige, Epipactis helleborine (L.) CR.,
der Braune, Epipactis atrorubens (HOFFM.) SCULT., sowie der
Violette Sitter, Epipactis purpurata SM., am bekanntesten.
Nicht zuletzt durch die rötlich geaderten weißen Blütenlippen
wirkt der Sumpfsitter besonders apart. Stattliche Pflanzen können bis zu 4o Blüten ausbilden. Die Blütenlippe zeichnet sich
neben der charakteristischen Äderung durch ein weiteres Phänomen aus: durch einen tiefen Einschnitt wird diese nämlich
in einen vorderen (Epichil) und hinteren (Hypochil) Abschnitt
getrennt, wobei das Epichil leicht beweglich ist.
    Der Sumpfsitter ist allgemein in Eurasien verbreitet und öst-
lich sogar bis Japan. Da neben Quellhängen besonders Wiesen-
moore und Sumpfwiesen als Standorte von diesen mycotrophen Pflanzen bevorzugt werden, ist die Bedrohung der Art
durch die Entwässerung von Mooren bzw. Sümpfen sehr stark.
Zahlreiche Standorte sind allein aus diesem Grund in den
letzten Jahren erloschen. Während der Sumpfsitter im Norden
ohnedies selten ist, kommt er in alpinen Regionen bis zu
1500 m N.N. noch häufiger vor.

4 PLATANTHERA CHLORANTHA (Cust.) Rchm.,
Grünliche Waldhyazinthe, Berg-Kuckucksblume
Familie: Orchidaceae (Knabenkräuter, Orchideen)
Ernährungsart: Mycorrhiza-Pflanze
Blütezeit: Mai–August

Die unterirdischen Knollen der Platanthera-Arten sind ungeteilt. Jede Pflanze besitzt davon zwei, wobei die hellere (jüngere) den blütentragenden Sproß des folgenden Jahres bildet.
Die zahlreichen kräftigen Nebenwurzeln sind stark verpilzt,
und zwar nicht nur die Zellen in der Wurzel, sondern auch
außerhalb der Wurzel ist ein dichter ›Pilzmantel‹ gelegen, den
man meist mit bloßem Auge erkennen kann.

Die Grünliche Waldhyazinthe ist leicht mit der Zweiblättrigen Waldhyazinthe, Platanthera bifolia (L.) RICH., zu verwechseln, die ebenfalls in Mitteleuropa weit verbreitet ist. So sind
die meisten Merkmale auch für beide Arten gültig. Die kanti-
gen Stengel der Pflanzen sind hell- oder gelblich-grün und
ca. einen halben Meter hoch. Am Grunde sind ein bis drei
kräftige glänzende Laubblätter von breit eiförmiger Gestalt
entwickelt. Die lockere Infloreszenz (Blütenstand) setzt sich
aus zahlreichen bizarren Blüten zusammen, die weiß bis gelblich oder grünlich gefärbt sind. Im wesentlichen sind zwei
recht verläßliche Merkmale vorhanden, um die Grünliche von
der Zweiblättrigen Kuckucksblume zu unterscheiden. Die beiden Staubblätter von Platanthera chlorantha sind schräg angeordnet, d.h. sie stehen dachförmig gegeneinander; der Blütensporn ist lang und am Ende leicht kolbig verdickt. Bei
Platanthera bifolia ist der Sporn ebenfalls sehr lang, läuft aber
spitz aus, und die beiden Staubblätter stehen deutlich parallel.
Zudem duften die Blüten von Platanthera bifolia stark nach
Hyazinthen, die Pflanzen sind von weniger kräftigem Wuchs
und blühen in der Regel ein paar Wochen später als die Grünliche Waldhyazinthe. Die in den deutschen Namen enthaltenen
Merkmale (grünlich und zweiblättrig) sind erfahrungsgemäß
weniger zuverlässig.

Auf neutralen und basischen Böden ist die kalkliebende Platanthera chlorantha von Skandinavien bis Nordafrika weit verbreitet und kommt besonders häufig in allen Ländern Mitteleuropas vor. Bevorzugt werden Standorte der mittleren Höhenlagen ebenso wie Trockenrasen oder Wälder des Flachlandes. In alpinen oder subalpinen Regionen ist sie recht häufig.

5   GYMNADENIA CONOPEA R.Br., Mücken-Händelwurz, Höswurz, Mücke, Nacktdrüse
     Familie: Orchidaceae (Knabenkräuter, Orchideen)
     Ernährungsart: Mycorrhiza-Pflanze
     Blütezeit: Mai–August

Die Mücken-Händelwurz gehört mit zu den stattlichsten mitteleuropäischen Orchideen. In der Regel wird die Pflanze ca. 30–60 cm hoch, Exemplare bis zu annähernd 1 m Höhe sind jedoch keine Seltenheit. Die hellgrünen Laubblätter an der Sproßbasis sind lang und schmal, verlieren jedoch zum Blütenstand hin rasch an Länge; die Blütentragblätter schließlich sind dünn lanzettlich und unauffällig grün und rötlich überlaufen. Die kleine Blütenlippe ist zweispaltig, wobei die drei Lappen der Lippe etwa gleich lang und breit sind. An der Blüte ist ein auffällig langer dünner Sporn ausgebildet, der spitz ausläuft. Die zahlreichen (bis zu 100) kleinen Blüten eines Blütenstandes sind stets einheitlich blaß- bis dunkelrot gefärbt und ohne jede Zeichnung. Albinos (Pflanzen mit rein weißen Blüten) treten häufiger auf, seltener hingegen sind Farbvariationen, wenn man von blaßroten Blüten absieht. Bastardierungen mit der ebenfalls mitteleuropäischen Gymnadenia odoratissima (NATHH.) RICH., der Wohlriechenden Händelwurz (bei diesen kleineren Pflanzen ist der Blütensporn kurz und keulig) treten besonders im Alpenraum häufig auf. Andere Bastarde mit Leucorchis albida (L.) E. MEY., Dactylorhiza-Arten, Nigritella nigra (siehe auch dort) oder sogar Anacamptis pyramidalis (L.) RICH. sind ebenfalls schon gefunden worden.

Gymnadenia ist eng verwandt mit der Gattung Platanthera. Auch hier sind die Klebescheiben an den Staubblättern unbedeckt (Name: Nacktdrüse). Der enorm lange Blütensporn ist ein Zeichen dafür, daß die Blüten von Faltern besucht werden, die mit besonders langen Rüssel bis auf den Grund des mit Nektar gefüllten Sporns gelangen. Geschieht dies, so bleiben die Staubblätter durch die Klebescheiben am Kopf oder Rüssel kleben, so daß beim Besuch der nächsten Blüte die Bestäubung erfolgt (näheres dazu siehe bei Orchis pallens L.).

Der Name Händelwurz, der wohl am gebräuchlichsten ist, bezieht sich auf die Form der unterirdischen Organe. Der Sproß entsteht nämlich aus einer kräftigen Knolle, die aus meist fünf fingerähnlichen Abschnitten besteht, an denen mächtige Nebenwurzeln abgehen. Jede ältere Pflanze besitzt zwei solcher Knollen. Eine ältere, meist dunkelbraune, die den blütentragenden Sproß hervorbringt und eine jüngere, meist hellgelbliche, die als Vorratsorgan den Sproß des nächsten Jahres bildet.

Die Mücken–Händelwurz ist in Mitteleuropa von allen anderen Orchideen am weitesten verbreitet. In Wäldern, Sümpfen, auf Trockenrasen oder Bergwiesen reicht das Areal dieser scheinbar anspruchslosen Pflanze von ganz Europa bis nach Japan. Während im Flachland meist nur kalkhaltige Standorte besiedelt werden, sind die Pflanzen im Gebirge nicht so wählerisch. Hier findet man sie zum Teil auf sauren Böden.

6   NIGRITELLA NIGRA (L.) Rchb., Braunelle,
    Schwarzes Kohlröschen, Brändlein
    Familie: Orchidaceae (Knabenkräuter, Orchideen)
    Ernährungsart: Mycorrhiza-Pflanze
    Blütezeit: Mai–September

Wie der lateinische Name, beziehen sich auch die deutschen auf die schwarzpurpurne bis dunkelrote Farbe des Blütenstandes. Der Name ›Kohlröschen‹ hat also nichts mit Gemüsekohl zu tun, sondern kommt von Kohle! Der Bezug zur Blütenfarbe ist auch bei den anderen volkstümlichen Namen des zu den beliebtesten Alpenpflanzen zählenden Kohlröschens erkennbar (Blutkraut, Blutströpflein, Schokoladenblümeli, Nasenbluter oder Rußkölbli).

Das Schwarze Kohlröschen ist eng verwandt mit der ›Mücke‹ (Gymnadenia), was dadurch besonders deutlich wird, daß Nigritella stark mit Gymnadenia bastardiert (vgl. auch dort). Auch Leucorchis (Weißzüngel) gehört mit in diesen Verwandtschaftskreis, so daß Bastardierungen zwischen Nigritella und Gymnadenia, Gymnadenia und Leucorchis, auch Nigritella-Leucorchis-Bastarde vorkommen können. Zu den Abweichungen der Gestalt (besonders der Blütenform) kommen bei dem Schwarzen Kohlröschen recht häufig Veränderungen der Blütenfarben vor. So sind zwischen den rein weißen und den üblichen schwarzpurpurnen Blüten zahlreiche Farbvariationen bekannt; Pflanzen mit roten, rosaroten, gelblichgrünen oder zitronengelben Blüten mit rötlichen Perigonrändern sind nicht selten zu finden. Während einmal die Standortgegebenheiten dabei eine wichtige Rolle zu spielen scheinen, sind zum anderen auch sicherlich Mutationen – besonders mit der zweiten Nigritella-Art, Nigritella miniata (CR.) JANCHEN (Rotes Kohlröschen) – ausschlaggebend.

Der Blütenstand von Nigritella nigra ist traubig bis kugelig, bei noch nicht vollends geöffneten Blüten im terminalen Bereich sogar oftmals ausgeprägt pyramidal. Die Blüten mit ihren schwärzlichen Tragblättern sind dunkel purpurn und duften stark nach Vanille. Im Gegensatz zu den meisten anderen heimischen Orchideen ist die Blütenlippe, die der Orchideen–Blüte den ›exotisch anmutenden Touch‹ verleiht, hier nicht auffällig entwickelt, sondern wie die anderen Perigonblätter dreieckig lanzettlich zugespitzt und nur am Grunde etwas verbreitet. Wie bereits erwähnt, stehen die meisten Orchideenblüten in der Regel ›auf dem Kopf‹, denn durch Resupination (Drehung) des Fruchtknotens hängt die Blütenlippe nach unten. Beim Kohlröschen hingegen ist diese Fruchtknotendrehung unterblieben und die Lippe daher nach oben gerichtet. Je nach Höhenlage und Beschaffenheit des Standortes können die Pflanzen zwischen 10 und 25 cm hoch werden. Der Stengel ist leicht kantig und bis zum Blütenstand mit dunkelgrünen linealischen Laubblättern besetzt, wobei die untersten dicht stehen und manchmal fast so lang sind wie der ganze Sproß. Wegen ihres grasartigen Wuchses sind nichtblühende Pflanzen am natürlichen Standort nur schwer zu identifizieren. Das Kohlröschen ist ausgeprägt mycotroph, also sehr auf seinen Pilz angewiesen und daher ebenfalls nur schwer zu kultivieren.

Das Verbreitungsgebiet liegt in den Hochgebirgen Mittel- und Nordeuropas (bis ca. 2500 m). Man bezeichnet sie aus diesem Grunde auch als nordisch-alpine Pflanze, wobei der ›alpine Anteil‹ wesentlich größer ist.

7   DACTYLORHIZA SAMBUCINA (L.) Soo,
     Holunder-Knabenkraut
     Familie: Orchidaceae (Knabenkräuter, Orchideen)
     Ernährungsart: Mycorrhiza-Pflanze
     Blütezeit: April–Juni

Noch vor nicht allzu langer Zeit wurden sämtliche Arten dieser Gattung als Orchis-Arten angesehen, d.h. die relativ neue Gattung Dactylorhiza wurde von der Gattung Orchis abgespalten. Der Grund dafür war die unterschiedliche Gestalt der unterirdischen Organe, namentlich der Knollen. Sind diese nämlich geteilt, ähnlich wie bei Gymnadenia hand- oder fingerförmig, so gehören sie nun der Gattung Dactylorhiza an; sind die Knollen hingegen ungeteilt, gehören sie wie seither zur Gattung Orchis. Da die ›alte Orchis sambucina L.‹ eine geteilte Knolle besitzt, muß sie zur Gattung Dactylorhiza gestellt werden. Der anfänglich benutzte Gattungsnahme Dactylorchis ist wenig gebräuchlich.

Da sich die Mehrzahl der Orchis- und Dactylorhiza–Arten für den Laien nicht wesentlich voneinander unterscheiden, sind die meisten Volksnamen für mehrere Arten der beiden Gattungen gültig (von einigen auffällig anders gestalteten Arten abgesehen). Die Mehrzahl der Namen bezieht sich auf die Blütezeit, die relativ früh im Jahr liegt, auf die Form der Knollen, die Blüten oder die Verwendung von Pflanzenteilen als Aphrodisiacum. Am gebräuchlichsten sind die Volksnamen Kuckucksblume (siehe auch Platanthera chlorantha), Maienblume, Handwurzel (siehe auch Gymnadenia conopea) Teufelspfoten, Heiratskraut, Geilwurz, Bubenkraut, Knabenwurz, Hühnerfuß oder Engelchen. Da die Aufzählung dieser Namen weit weniger als ein Zehntel der heute noch gebräuchlichen Namen sein dürfte, wird deutlich, daß die Pflanzen dieser beiden Gattungen (Orchis und Dactylorhiza) sehr weit verbreitet und allgemein bekannt sind.

Dactylorhiza sambucina ist von den mitteleuropäischen Knabenkräutern vermutlich am stärksten auf ihren pilzlichen Symbionten fixiert. Nicht nur, daß sie – wie alle Orchideen – unter Naturschutz steht und aus diesem Grund nicht ausgegraben werden darf: wegen der ausgeprägten Mycotrophie würden die Pflanzen im eigenen Garten schnell zugrunde gehen. Das Holunder-Knabenkraut (die Blüten duften nach Holunder) kann gelb oder rot blühen, auch Zwischentöne sind nicht selten (rosa–gelb). Bei Pflanzen mit gelben Blüten sind die glatten gewellten Lippen rötlich punktiert, Pflanzen mit roten Blüten weisen meist eine gelbliche Tönung am Lippengrund auf sowie purpurne Punktierung im mittleren Lippenbereich. Die dichten Blütenstände der 10–30 cm hohen Pflanzen haben auffällig große Blütentragblätter, die bei gelben Blüten grün, bei roten Blüten meist rötlich–grün sind.

In Deutschland gehört Dactylorhiza sambucina zweifellos zu den seltenen Orchideen – in den Südalpen hingegen ist sie recht häufig. Auch im Mittelmeerraum ist sie weit verbreitet. Auf Bergwiesen höherer Lagen oder auf trockenen Standorten in der Tiefebene kommt sie zudem in den Alpenländern, Frankreich, Spanien und vermutlich auch in Nordafrika sowie in Skandinavien oder Osteuropa vor.

118

8   DACTYLORHIZA MACULATA (L.) Soo,
      Geflecktes Knabenkraut
      Familie: Orchidaceae (Knabenkräuter, Orchideen)
      Ernährungsart: Mycorrhiza-Pflanze
      Blütezeit: Mai–August (September)

Die langen lanzettlichen Laubblätter dieses Knabenkrautes
sind grün und oftmals dunkelbraun bis schwarz gefleckt. Irr-
tümlicherweise wird dieses Merkmal mit dem Namen dieser
Pflanze in Verbindung gebracht. Es können aber auch die
Laubblätter anderer Orchideen-Arten gefleckt sein oder bei
einigen Pflanzen vom Gefleckten Knabenkraut Laubblätter ohne solcher schwärzlichen Flecken vorkommen. In Wirklichkeit
bezieht sich der Name auf die Blüten. Diese zeigen nämlich
besonders auf der Lippe eine auffällig lebhafte Strichelung,
wobei die Farbe der Blüten und der Strichelung sehr stark
variieren kann. Pflanzen mit fast weißen Blüten und gelblich-
roter Strichelung sind ebenso wenig selten wie Pflanzen mit
violetten Blüten und purpurner Strichelung. Am häufigsten
ist die Farbe des Gefleckten Knabenkrautes wohl hellrot und
mit dunkelroter Strichelung auf der Lippe. Die sonst deutlich
laubigen Blütentragblätter in dieser Gattung sind hier, wie
bei der Gattung Orchis, weniger deutlich ausgebildet. Wegen
des sehr dichten Blütenstandes sind sie zudem weniger deutlich
sichtbar. Die Blütenlippe ist dreilappig, die beiden äußeren
Lappen sind recht rundlich und meist größer. Wegen der dicht
angeordneten Blüten kann die Resupination des Fruchtknotens
bei Entfaltung der Knospen manchmal behindert werden. An
zahlreichen Pflanzen dieser Art stehen deshalb die Blütenlippen
›kreuz und quer‹, manchmal sind einige auch vollkommen
nach oben gerichtet. Die bis zu 80 cm hohen Pflanzen sind
von schlankem Wuchs.
    Eine andere Orchideen-Art, Dactylorhiza fuchsii (Druce)
Soo, das Fuchs-Knabenkraut, sieht vom Habitus ganz ähnlich
aus, ja eigentlich sogar gleich. Ein sicheres Unterscheidungsmerkmal bietet nämlich nur die Chromosomenzahl, die hier

2n = 40 beträgt (bei D. maculata 2n = 80). Für den Pflanzenfreund ist ein derartiges Merkmal wenig befriedigend, und
es erhebt sich für ihn an dieser Stelle die Frage, ob eine derartige Aufsplitterung sinnvoll ist.

Dactylorhiza maculata (incl. D. fuchsii) bevorzugt saure Böden feuchter Wiesen, Moore, Alpenwiesen oder Waldlichtun-
gen im Flachland. Während die Standorte im Mittelmeerraum
nur auf die Gebirge beschränkt sind, findet man das Gefleckte
Knabenkraut recht häufig in Mitteleuropa auch im Tiefland.
Ein deutlicher Rückgang aufgrund von Entwässerungs- und
Bewirtschaftungsmaßnahmen ist jedoch in zunehmendem Maße zu beobachten.

Das Areal reicht bis über den Polarkreis hinaus.

9   DACTYLORHIZA MAJALIS (Rchb.)
     Hunt & Summerh., Breitblättriges Knabenkraut
     Familie: Orchidaceae (Knabenkräuter, Orchideen)
     Ernährungsart: Mycorrhiza-Pflanze
     Blütezeit: Mai–Juli

Die bis zu einem halben Meter hohen Pflanzen sind kräftig
und dicht beblättert. Die breiten Laubblätter sind oft wie beim
Gefleckten Knabenkraut dunkel gefleckt, die Blütenlippe ist
dunkelrot gestrichelt und gepunktet. Aufgrund dieser Merkmale wird das Breitblättrige Knabenkraut auch leicht mit dem
Gefleckten Knabenkraut verwechselt. Recht gute Unterscheidungsmerkmale bieten aber die wesentlich laubiger entwickelten Blütentragblätter, die nicht selten rötlich bis purpur gefärbt
sind. Die hell- bis dunkelroten Blüten (selten weiß) besitzen
eine dreilappige Lippe, die meist seitlich zurückgeschlagen und
am dreilappigen Rand leicht eingekerbt ist. In den meisten
Fällen ist die Zeichnung der Lippe durch eine dunkelrote
durchgehende Linie begrenzt. In diesem dadurch abgesetzten
hellen Lippenbereich befinden sich nun weitere dunkelrote Stri-
chelungen und Punkte. Die unterirdischen Knollen sind wie

beim Gefleckten Knabenkraut in drei oder vier Abschnitte gegliedert, die meist sehr langgestreckt sind. Die kräftigen Nebenwurzeln sind dunkelbraun, davon abgehende Seitenwurzeln höherer Ordnung sind – wenn überhaupt vorhanden – nur spärlich entwickelt und hellgelb.

Wie bei den meisten Orchideen-Arten bastardiert auch das Breitblättrige Knabenkraut häufig (sogar mit Arten anderer Gattungen), insbesondere mit Vertretern der Gattung Orchis. Bastardbildungen sind zudem recht oft zwischen Dactylorhiza majalis und der sehr ähnlich aussehenden Dactylorhiza incarnata (L.) Soo, dem Fleischfarbenen Knabenkraut, beobachtet worden.

In Europa reicht das Verbreitungsgebiet von Nordspanien bis in die UDSSR, von den Alpenländern (ja sogar Jugoslawien) bis nach Skandinavien. Bevorzugt werden ausgesprochen nasse Wiesen, Sümpfe und Flachmoore im Flachland oder in alpinen und subalpinen Regionen.

10 HERMINIUM MONORCHIS (L.) R.Br.
     Honigorchidee, Einknolle
     Familie: Orchidaceae (Knabenkräuter, Orchideen)
     Ernährungsart: Mycorrhiza-Pflanze
     Blütezeit: Juni–August

Um über den Winter zu kommen, genügt dieser Orchideen-Art eine kleine Knolle, die rundlich bis eiförmig gestaltet ist. Oberhalb der Knolle entspringen nur wenige, aber kräftige Nebenwurzeln sowie Ausläufer, an deren Enden weitere kleine Knollen entstehen, aus denen im folgenden Jahr neue Pflanzen hervorgehen. Durch derartige Wanderungen gelingt es der Pflanze, das Reservoir der vorhandenen anorganischen Substanzen des Erdreiches voll auszuschöpfen.

Die Pflanzen erreichen eine Höhe von ca. 15–20 cm und bilden ungefähr ein halbes Dutzend größerer (in Relation zur Pflanzenhöhe) Laubblätter aus, von denen zwei oder drei schmalere oberhalb der Stengelbasis mehr oder weniger alternierend stehen.

Die Honigorchis gehört zu den unauffälligsten Orchideen unserer Flora, denn neben dem kleinen Wuchs sind auch die zahlreichen winzigen Blüten nicht gefärbt, sondern durch Chloroplastenmangel lediglich grünlich-gelb oder weißlich. Der nicht deutlich einseitswendige Blütenstand ist von zylindrischer Form, und die Blüten haben keinen Sporn. Die unscheinbare Lippe unterscheidet sich kaum von den restlichen Perigonblättern. Nur bei näherer Betrachtung kann man erkennen, daß sie dreizipflig ist und die beiden seitlichen Zipfel wesentlich kürzer sind. Die glockig anmutenden Blüten duften sehr stark nach Honig. Nähert man sich bei bestimmter Wetterlage einem Standort von mehreren hundert Herminium-Pflanzen, so kann man diese schon ›von weitem riechen‹. Wie bei zahlreichen anderen Orchideen ist auch bei der Honigorchis ›im Notfall‹ Selbstbestäubung möglich. Wenn nämlich Insektenbesuch ausgeblieben ist und die Blüte kurz vor dem Welken steht, neigen sich die gummiartigen Pollenbeutelstiele nach unten, so daß der reife Pollenbeutel regelrecht auf die Narbe fällt.

Das Verbreitungsgebiet von Herminium monorchis erstreckt sich über ganz Mitteleuropa, ja im Osten reicht es sogar bis nach Nordchina und Japan. Da diese Orchideen-Art auch in weiten Teilen von Nord-, West- und Südeuropa vorkommt, kann man von einer eurasiatischen Art sprechen.

Bevorzugte Standorte sind kalkhaltige Trockenrasen oder Kalkflachmoore in Gebirgen, seltener in Mittelgebirgen. In der Ebene (Norddeutschland) fehlt die Pflanze weitgehend.

11   OPHRYS FUCIFLORA (CR.) SW., Hummel-Ragwurz,
      -Orchidee, Hummel
      Familie: Orchidaceae (Knabenkräuter, Orchideen)
      Ernährungsart: Mycorrhiza-Pflanze
      Blütezeit: April–Juni

Die Gattung Ophrys gehört mit ihren 20–30 Arten in Europa
sicherlich mit zu den interessantesten Orchideen. Im mitteleuropäischen Raum sind neben der hier im folgenden noch zu
beschreibenden Art drei weitere Arten heimisch: Ophrys insec-
tifera L., die Fliege, Ophrys sphegodes Mill., die Spinne, und
Ophrys apifera Huds., die Biene. Die großblütigste von ihnen
ist die Hummel-Ragwurz, deren Infloreszenz zwar nur aus
cirka einem halben Dutzend locker angeordneter Blüten besteht, die aber der Pflanze ihren aparten Ausdruck verleihen.
Die große Blütenlippe ist purpurrot bis blaßbraun und von
rhombischer Form. In der Regel ist sie ungeteilt, besitzt aber
im mittleren Bereich des unteren Randes einen gelblich bis
rosaroten Zipfel, der stark nach vorn gekrümmt ist. Die Zeichnung der samtig erscheinenden Lippe kann vielgestaltig sein,
mit mehr oder weniger Phantasie ist oftmals ein großes H
erkennbar, das aber von Pflanze zu Pflanze unterschiedlich
verschnörkelt ist. Ebenso unterschiedlich fällt das Farbenspiel
aus. Grüne, gelbe, rote und selbst bräunliche Töne lassen die
Blüten noch reizvoller erscheinen. Die drei äußeren Perigonblätter sind zurückgebogen und dunkelrot bis weiß gefärbt.
Die leistenartig verdickten Nerven dieser Blätter sind hell- bis
grasgrün. Die beiden inneren Perigonblätter sind wesentlich
kleiner und von fast dreieckiger Form. Sie sind ähnlich wie
die äußeren Blütenblätter gefärbt, am Grunde jedoch meist
dunkelrot.
   Ophrys fuciflora wird ungefähr 30 cm hoch, und der Sproß
ist von gelblich-grüner Farbe. Die bläulich-grünen Laubblätter
sind ›winterhart‹, sie werden bereits vor dem Wintereinbruch
angelegt. Zwar besitzen die Pflanzen nur wenige Wurzeln,
sie sind aber, vielleicht gerade deshalb, stark mycotroph.

Recht interessant ist die Blütenbestäubung aller Ophrys-Arten. Die Blüten ahmen nämlich Insekten-Arten nach, die angeblich auch von denselben Arten besucht werden. So läßt sich beispielsweise ein ›Hummel-Männchen‹ – angeregt durch einen Duft, der dem (Sexualhormon!) des Begattungspartners entspricht – auf einer ›Hummel-Blüte‹ nieder, in der Annahme, es handele sich um ein attraktives Weibchen. Nach kurzer Zeit eines Besseren belehrt, nimmt es Nektargeruch wahr und, wo es schon einmal da ist, vermag es dieser anderen süßen Aussicht nicht zu widerstehen: die Bestäubung der Blüte ist gesichert.

Während die ›Fliege‹ in Mitteleuropa häufiger vorkommt, ist die Verbreitung von Ophrys fuciflora auf den südlichen Teil Mitteleuropas beschränkt. Sämtliche Ragwurz-Arten bevorzugen trockene, warme und meist kalkreiche Standorte.

12   ORCHIS PALLENS L. Bleiches Knabenkraut
      Familie: Orchidaceae (Knabenkräuter, Orchideen)
      Ernährungsart: Mycorrhiza-Pflanze
      Blütezeit: April–Juni

Das Bleiche Knabenkraut hält mehr, als der Name verspricht, denn es gehört mit Sicherheit zu den prächtigsten Orchis-Arten Mitteleuropas. Die ungefähr 30 cm hohen Pflanzen sind kräftig, saftig und von imposanter Statur. Dieser Eindruck wird besonders durch die zahlreichen breiten fleischigen Laubblätter, die grundständig sind, vermittelt. Der dichte traubige Blütenstand setzt sich aus zahlreichen Blüten zusammen, die zitronengelb gefärbt sind. Da an den Standorten vom Bleichen Knabenkraut oftmals auch Orchis mascula L. vorkommt, können Bastardierungen zwischen diesen beiden Arten gefunden werden. Besonders apart sind dabei zwei Formen: einmal eine vom Wuchs her typische Orchis pallens mit roten Blüten und beidseitig leicht umgeschlagenen Lippenrändern, zum anderen ein Orchis-mascula-Habitus (also graziler und locker-blütiger) mit ungemein reizvollen Blüten. Diese besitzen nämlich eine gelbliche Unterlippe, die restlichen Perigonblätter sind grünlich und rosa.

Diese wohl sehr stark mycotrophen Pflanzen (sie lassen sich praktisch kaum kultivieren) weisen, wie zahlreiche andere schon erwähnte Orchideen-Arten, ein Phänomen auf, das man recht eindrucksvoll mit einem Bleistift oder ähnlich zugespitztem Gegenstand am natürlichen Standort nachvollziehen kann. Spielt man nämlich Insekt und fährt mit der Bleistiftspitze vorsichtig in eine gerade eben geöffnete Blüte und zieht den Bleistift dann wieder heraus, wird man erstaunt feststellen, daß sich auf dem Stift zwei gestielte Pollenpakete befinden (vgl. Gymnadenia conopea). Mit Hilfe von zwei Klebscheiben sind diese Stielchen derartig fest angeheftet, daß man sie kaum abziehen kann. Man sollte seinen Bleistift jedoch nicht zu früh säubern, sondern ruhig noch zwei Minuten warten, denn sonst verpaßt man etwas noch Interessanteres. Nach ca. einer Minute kippen nämlich die senkrecht stehenden Stiele langsam nach vorn um. Durch diesen raffinierten Mechanismus soll die Bestäubung der Blüten weitgehend gewährleistet werden: Die Klebscheiben der Stiele haften am Insektenkopf nämlich ebenso gut wie am Bleistift. Verläßt das Insekt nun eine Blüte und besucht die nächste, so richtet sich in der Zwischenzeit das Pollenpaket nach vorn und berührt beim erneuten Eindringen in die Blüte die Narbe.

Orchis pallens kommt auf kalkhaltigen Böden in Laubwäldern oder Gebüschen der Mittelgebirge vor. Auch auf Bergwiesen der Alpenländer ist es ebenso verbreitet wie beispielsweise in den Karpaten oder im Apennin.

13   ORCHIS MASCULA L., Manns-, Kuckucks-,
      Stattliches Knabenkraut
      Familie: Orchidaceae (Knabenkräuter, Orchideen)
      Ernährungsart: Mycorrhiza-Pflanze
      Blütezeit: Mai–Juni (Juli)

Das Männliche Knabenkraut (lat.: mascula = männlich), wie
diese Orchidee eigentlich richtig übersetzt heißt, erhielt seinen
Namen nicht, wie man heute verschiedentlich lesen kann, aufgrund des männlich-kräftigen Habitus der Pflanze oder gar
wegen ihres schönen Wuchses, sondern in Wirklichkeit verdanken die Pflanzen ihren Namen den im Verborgenen wachsenden Organen, ihren unterirdischen Knollen! Diese haben nämlich – wie andere ›Knaben‹–kräuter auch – Ähnlichkeit mit
Hoden. Andere Namen wie Knabenmännlein, Knabenwurz
oder Hasenhödlein bestätigen das. Weitere Volksnamen wie
Heiratswurzel oder Storchkraut beziehen sich auf den Ge-
brauch dieser Knollen als Aphrodisiacum. In einigen Gegenden
werden sogar noch heute Knollen von Knabenkräutern gesam-
melt und auf mehr oder weniger geheimnisvolle Weise verar-
beitet, um daraus wirksame Mittel gegen Kinderlosigkeit, Hei-
ratsunlust oder Potenzschwächen zu gewinnen.
  Das Manns-Knabenkraut kann bis zu 70 cm hoch werden,
in der Regel erreichen die Pflanzen eine Höhe von ca. 35 cm.
Der Sproß ist nicht mit kleinen Laubblättern – wie etwa bei
Dactylorhiza-Arten – besetzt, sondern sämtliche hellgrün glän-
zenden Laubblätter sind dicht am Erdboden rosettenartig angeordnet, wobei ein oder zwei Blätter senkrecht stehend den
Sproß an der Basis umhüllen. Die Tragblätter der Blüten sind
lanzettlich und unscheinbar, oftmals erwecken sie den Eindruck, als seien sie verkümmert. Die punktierten Lippen der
recht großen Blüten sind mehr oder weniger deutlich dreilappig, die beiden seitlichen Lippenränder sind meist umgeschlagen. Der Blütenstand ist dunkel – bis purpurrot, bei bereits
länger blühenden Pflanzen bleichen die Blüten und werden
hellrot oder rosa. Albinos oder Pflanzen mit weißen Blüten

und purpurner oder hellroter Punktierung auf der Lippe sind nicht selten und können bei größeren Populationen häufiger gefunden werden. Die Laubblätter zahlreicher Pflanzen sind wie bei einigen Dactylorhiza-Arten manchmal dunkel gefleckt. Zudem wird dem aufmerksamen Beobachter nicht entgehen, daß bei vielen Pflanzen die Spitzen der Laubblätter braunschwarz und vertrocknet sind. Das liegt an der relativ frühen Ausbildung der Blattrosette (Anfang März), die durch verspäteten Frost Schaden nimmt. Die Entwicklung der Pflanzen wird normalerweise dadurch jedoch nicht beeinträchtigt. Als Blumenstrauß im Zimmer sind diese, wie wir inzwischen wissen, ohnehin geschützten Pflanzen nicht zu empfehlen, denn sie verbreiten einen äußerst unangenehmen Geruch, um nicht zu sagen: sie stinken!

Mit zahlreichen Unterarten und Formen ist das Manns-Knabenkraut in Mitteleuropa weit verbreitet. Vorwiegend kommt es auf kalkreichen Böden vor (bis ca. 2000 m) aber auch Standorte mit leicht saurem Erdreich können besiedelt werden.

14   ACERAS ANTHROPOPHORUM (L.) Ait.,
      Fratzenorchis, Ohnsporn, Puppe
      Familie: Orchidaceae (Knabenkräuter, Orchideen)
      Ernährungsart: Mycorrhiza-Pflanze
      Blütezeit: April–Juni

Die Puppenorchis, das Menschentragende Ohnhorn, Hängender Mensch, Hängendes Männchen oder wie sie in manchen Gegenden sonst noch heißen mag, wird bis über 50 cm hoch, und der ca. 20 cm lange Blütenstand setzt sich aus zahlreichen Blüten menschenähnlicher Gestalt zusammen. Neben der bei vielen anderen Orchideen üblichen Dreilappung der Blütenlippe ist hier die Unterlippe lang gestreckt und als mittlerer Lappen zusätzlich gespalten, und zwar so tief, daß die beiden dadurch entstandenen Zipfel beinah gleich lang wie die seitlichen Lappen der Blütenlippe sind. Kein Wunder, daß die Ausbildung solcher ›Arme und Beine‹ den Eindruck einer menschlichen Gestalt erweckt, der dadurch noch verstärkt wird, daß Sepalen und Petalen über der Lippe helmförmig zusammenstehen und somit diesem Wesen eine dekorative Kopfbedeckung verleihen. Sowohl hier, als auch meist noch ausgeprägter bei einigen anderen Orchideen-Arten, kann zwischen den beiden Lappen der Unterlippe sogar noch ein sehr kleiner Zipfel ausgebildet sein, so daß in verstärktem Maße der ›Adamscharakter‹ vermittelt wird. Die Farbe der Blüten ist entweder gelblich-grün oder purpur- bis rostrot. Ausschlaggebend für solche Farbvariationen ist vermutlich ein Zusammenspiel von Bodenqualität, Sonneneinstrahlung und natürlich auch das Alter der entfalteten Blüte. An dem deutlich gedrehten Fruchtknoten liegt eng das unscheinbare Tragblatt an, das meist grünlich oder gelb ist. Auch die Puppenorchis ist – wie alle Orchideen – mehrjährig. Die kleine unterirdische Knolle ist glatt und ungeteilt. Bereits im Winter werden die später bläulich-grünen Laubblätter angelegt, die grundständig sind und sich im Februar/März vollends entfalten.

Besonders hübsch können auch Bastardierungen mit Anacamptis (siehe später) oder der ebenfalls diesem Verwandtschaftskreis angehörenden Orchis militaris L. (Helm-Knabenkraut) ausfallen.

Aceras anthropophorum ist eine mediterrane Pflanze, d. h. sie kommt vorwiegend im Mittelmeergebiet vor. Andere Standorte liegen in Südengland, den Benelux-Ländern und in Deutschland. Diese in unserem Raum sehr seltene Orchidee besiedelt kalkreiche und besonders warme Standorte. In der südlichen Oberrheinebene kam sie häufiger vor. Durch die intensive Nutzung solcher Gebiete durch den Menschen (z. B. Weinbaugebiete im Kaiserstuhl!) ist sie aber, wie andere äußerst seltene Orchideen, stark zurückgegangen.

15   ANACAMPTIS PYRAMIDALIS (L.) Rich.,
      Pyramidenorchis, Hundswurz
      Familie: Orchidaceae (Knabenkräuter, Orchideen)
      Ernährungsart: Mycorrhiza-Pflanze
      Blütezeit: April–Juli

Wie bei anderen mediterranen Orchideen sind auch hier die
Angaben zur Blütezeit etwas heikel, denn die Pyramidenorchis
wird beispielsweise auf Mallorca im April bereits weitgehend
verblüht sein, bevor sich die Knospen dieser hübschen Pflanzen
im Münsterland oder Weserbergland öffnen. Demgemäß beginnt Anacamptis pyramidalis in den wärmsten Gebieten Mitteleuropas im April zu blühen, in höheren Lagen oder im
nördlichen Mitteleuropa dagegen erst im Juni – Juli.

  Die wie Aceras monotypische Gattung Anacamptis (monoty-
pisch heißt, daß die Gattung nur aus einer einzigen Art besteht)
ist mit der Gattung Orchis eng verwandt. Das kommt besonders bei der Betrachtung der Blüten zum Ausdruck. Sie besitzen
einen dünnen Sporn, der etwa so lang wie der Fruchtknoten
ist. Über dem Griffel neigen sich die beiden seitlichen inneren
Perigonblätter kappenförmig zusammen, die beiden seitlichen
Perigonblätter stehen schräg ab. Die Blütenlippe ist deutlich
dreilappig, wobei auch der mittlere Zipfel annähernd gleich
groß wie die beiden seitlichen ist. Am Grunde der Blütenlippe
sind zwei relativ große Höcker ausgebildet, die von nicht un-
wesentlicher Bedeutung sind. Bei Insektenbesuch – in diesem
Falle handelt es sich um Schmetterlinge – wird durch diese
beiden Erhebungen nämlich schienenförmig eine Rüsselfüh-
rung erreicht, so daß dem Bestäuber auch wirklich die beiden
mit einer Klebscheibe versehenen Pollinien an der richtigen
Stelle angeheftet werden können.

  Die Pyramidenorchis – auch unter dem Namen Spitzorchis
bekannt – verdankt ihren Namen der Form des Blütenstandes.
Wenn sich nämlich die ersten, zu unterst stehenden Blüten
öffnen und im oberen Bereich noch mehrere Knospen sind,
hat die Infloreszenz eine nach oben hin spitze, pyramidale

Form. Je mehr Blüten sich nun öffnen, um so stärker verliert der dichte Blütenstand seine typische Form. Bei schon länger blühenden Pflanzen kann man einen Blütenstand mit fast kugeliger Gestalt vorfinden; die unteren Blüten sind bereits braun und verwelkt, die oberen noch dunkelrot gefärbt. Die Pflanzen dieser Art besitzen in Südeuropa weiße bis rosarote Blüten. Wie bei Traunsteinera globosa (L.) Rchb. (Kugelorchis) ist die Relation von kleinem Blütenstande und Pflanzenhöhe auffällig, wenn auch nicht ganz so extrem. Ein nur wenige Zentimeter langer Blütenstand steht nämlich an einem sehr dünnen, bis zu einem halben Meter hohen Stengel, der mit zahlreichen unscheinbaren, schmal-lanzettlichen Laubblättern besetzt ist. Wie bei anderen Orchideen sind die zahlreichen Samen einer Blüte äußerst klein (ungefähr einen halben Millimeter lang und nur ein Fünftel Millimeter breit).

Anacamptis pyramidalis ist eine submediterrane Orchidee. Das Hauptverbreitungsgebiet stellt der Mittelmeerraum dar, einige Vorkommen liegen jedoch auch in Nord- und Osteuropa. In Mitteleuropa ist diese Art nicht nur im Alpenraum heimisch, auch in der Ebene kann sie – wenn auch selten – hin und wieder angetroffen werden. Die Standorte sind kalkreich, besonders trockene Wiesen und lichte Wälder werden von der wärmeliebenden Pyramidenorchidee bevorzugt.

16   HIMANTOGLOSSUM HIRCINUM (L.) Spr.,
       Riemenzunge, Bocksorchis
       Familie: Orchidaceae (Knabenkräuter, Orchideen)
       Ernährungsart: Mycorrhiza-Pflanze
       Blütezeit: Mai–Juli

Die Riemenzunge, mit neuem wissenschaftlichen Gattungsnamen auch als ›Loroglossum‹ bezeichnet, verdankt ihren Namen der enorm verlängerten und bizarr verdrehten Blütenlippe. Diese Lippe ist deutlich dreifach gelappt. Während jedoch die beiden seitlichen Lappen relativ kurz sind, kann der mittlere eine Länge bis zu 5 cm erreichen. Bei Entfaltung der Blüte rollt sich dieser lange Mittellappen spiralig auf und beginnt dann, sich schraubig zu drehen. Die Blütenfarbe ist meist grünlich-weiß bis schmutziggelb, die lange Lippe bräunlich gefärbt und mit rot behaarten Malen versehen. Besonders kräftige Pflanzen können fast einen Meter hoch werden, sie besitzen dann einen ungefähr 40 cm langen Blütenstand mit bis zu 100 Blüten. In der Regel wird die Riemenzunge jedoch ›nur‹ ca. 50 cm groß. Die am Boden stehenden kräftigen Laubblätter werden bereits im Winter ausgebildet. Die Keimung des winzigen Samens gleicht der anderer Orchideen. Erst wenn er in gequollenem Zustand von Pilzhyphen durchwuchert wird, kann sich aus ihm ein Keimling entwickeln. Es vergehen nun noch Jahre, bis aus dieser kleinen Pflanze eine blühfähige entstehen wird, denn es müssen erst mehrere verschiedene Stadien durchlaufen werden, bis sich die erste Knolle gebildet hat. Aus dieser kleinen abgerundeten Knolle, die als Speicherorgan dient, entwickelt sich schließlich der leicht kantige Stengel. Wenn die Pflanze zu blühen beginnt, sterben die Laubblätter bereits ab. Zu diesem Zeitpunkt hat sich eine zweite kleine Knolle entwickelt, die im darauffolgenden Jahr den Sproß bilden wird. Demnach kann die einmal erwachsen gewordene Pflanze hinsichtlich ihrer Ernährung ›aus dem Vollen schöpfen‹, denn sie besitzt grüne Laubblätter (Photosynthese), eine Knolle (Speicherorgan) und – wenn auch bei dieser Art zwar nur wenige – verpilzte Wurzeln.

Im europäischen Raum ist nur die Bocksriemenzunge heimisch (Bock: wegen des penetranten Geruchs nach Ziegenbock). Das Verbreitungsgebiet von Himantoglossum hircinum ähnelt dem von Aceras antropophorum. Auf basischen Böden kommt es in aufgelockerten Kiefernbeständen, lichten Wäldern und Trocken- oder Halbtrockenrasen vor. Im mitteleuropäischen Raum gehört diese Orchideen-Art zu den sehr seltenen Pflanzen.

17,18 LIMODORUM ABORTIVUM (L.) Sw., Dingel

Familie: Orchidaceae (Knabenkräuter, Orchideen)
Ernährungsart: Mycorrhiza-Pflanze, Saprophyt
Blütezeit: Juni – Juli

Tief im Erdreich liegt der mit langen Wurzeln ausgestattete Wurzelstock der Dingelorchis, aus dem jahrelang blühfähige Pflanzen hervorgebracht werden können. Diese Orchideen-Art gehört also wie Cypripedium zu der knollenlosen Gruppe. Die kräftigen Wurzeln sind hier allerdings sehr stark verpilzt; sicherlich ein Zeichen dafür, daß eine stärkere Abhängigkeit zum Pilz vorliegt. Nicht einfach ist die Einordnung dieser Pflanze in die Gruppe der Ernährungsspezialisten, denn obwohl spurenweise Chlorophyll nachgewiesen werden kann, sind die Pflanzen doch augenscheinlich nicht grün. Solange genauere Untersuchungen in dieser Richtung noch nicht erfolgt sind, erscheint es sinnvoll, Limodorum vorerst nicht in die Gruppe Saprophyt oder ›nur‹ Mycorrhiza-Pflanze einzuordnen, sondern ihr eine Zwischenstellung zwischen diesen beiden spezialisierten Gruppen einzuräumen.

Was bei zahlreichen Orchideen beobachtet werden kann, trifft beim Dingel in verstärktem Maße zu: das von Jahr zu Jahr unregelmäßige Austreiben von Blütentrieben. Manchmal werden über Jahre keine oberirdischen Pflanzen ausgebildet, so daß man meinen könnte, der Standort sei erloschen.

Der stahlblaue Sproß kann bis über einen halben Meter hoch werden und ist von blauvioletten reduzierten Scheidenblättern umgeben. Die weiß-violetten Blüten erinnern etwas an die des Roten Waldvögleins. Die seitlichen Kelchblätter stehen starr ab; die ungeteilte Lippe ist stark zu beiden Seiten nach oben hin umgeschlagen. Am Grunde der Lippe ist ein bis zu 2 cm langer Sporn entwickelt.

Limodorum abortivum gehört in Mitteleuropa zu den Raritäten unserer Flora, da sie als zirkummediterrane Pflanze den mitteleuropäischen Raum nur berührt. Das ist auch der Grund dafür, warum volkstümliche Namen weitgehend fehlen.

Auf kalkhaltigen Standorten oder Lößhügeln ist der Dingel im Mittelmeerraum weit verbreitet, in der Bundesrepublik nur an den wärmeren Standorten des südlichen Oberrheingebietes.

19   CORALLORHIZA TRIFIDA Chat., Korallenwurz
      Familie: Orchidaceae (Knabenkräuter, Orchideen)
      Ernährungsart: Mycorrhiza-Pflanze, Saprophyt
      Blütezeit: Mai–Juli (August)

Die ungefähr 20 cm hohen Pflanzen sind gelblich-grün und besitzen wie Limodorum keine auffällig gestalteten Laubblätter. Nur wenige schuppenförmige und den Stengel umfassende Hüllblätter sind ausgebildet. An dem dicken unverzweigten Sproß befindet sich eine lockerblütige Infloreszenz. Die wenigen kleinen Blüten sind bizarr gestaltet und stehen mit dem dicken Fruchtknoten fast waagerecht vom Sproß ab. Die ungespornten Blüten sind ebenfalls gelblich-grün, die Lippe ist jedoch weißlich und mit rötlichen Punkten versehen. Die Deckblätter sind wiederum sehr kurz, schmal und unscheinbar. Man könnte meinen, daß sich der Name Korallenwurz auf die Blütengestalt bezieht. In Wirklichkeit wurde dieser Name der Pflanze jedoch wegen ihres unterirdisch korallenartig verzweigten Rhizoms verliehen.

Ähnliche Schwierigkeiten, wie wir sie bei der Einteilung von Schmarotzerpflanzen in Halb- und Vollparasiten vorfinden, ergeben sich ebenso wie bei Limodorum hier nun auch bei Corallorhiza. Handelt es sich ›noch‹ um eine Mycorrhiza-Pflanze oder ›schon‹ um einen Saprophyten? Zahlreiche ungenaue und zum Teil widersprüchliche Angaben in der Literatur weisen darauf hin, daß man noch nicht genau die Lebens- und vor allem die Ernährungsweise dieser Pflanze kennt. Da diese Orchideen-Art ›zu jeder Zeit fast oder vollkommen‹ (?) wurzellos sein soll, dürfte man sie nicht als Mycorrhiza-Pflanze bezeichnen, es sei denn, die Hyphen dringen auch in den Wurzelstock ein. Als Saprophyt im eigentlichen Sinn kann man die Korallenwurz ebenso wenig bezeichnen, denn die Pflanzen sind nicht chlorophyllos und dementsprechend in der Lage, zumindest ein wenig photosynthetisch aktiv zu sein. Wie auch immer: hier zeigt sich, daß zahlreiche Fragen noch lange nicht beantwortet werden können. Bei der Ernährungsart von Corallorhiza handelt es sich in ähnlicher Weise wie beim Dingel um einen Übergang von mycotropher zu saprophytischer Lebensweise.

Besonders weit verbreitet ist die ›Koralle‹ in Nadel- und Laubwäldern der Alpen. In Mittelgebirgen findet man sie seltener. Bevorzugt werden dann torfige Böden von Mooren und Sümpfen. Das allgemeine Verbreitungsgebiet ist zirkumpolar; von Skandinavien bis Italien, Nordamerika und Grönland. Im nördlichen Mitteleuropa ist sie selten und fehlt sogar oft auf den für sie sonst typischen Standorten.

20–23 NEOTTIA NIDUS-AVIS (L.) Rich., Vogelnestwurz,
Nestwurz
Familie: Orchidaceae (Knabenkräuter, Orchideen)
Ernährungsart: Saprophyt
Blütezeit: Mai–Juni (Juli)

Die gesamte Pflanze einschließlich der Blüten erscheint gelbbraun. Auch grüne Laubblätter fehlen, an ihrer Stelle befinden sich reduzierte, den Stengel umfassende bräunliche Schuppenblätter. Die bis über 40 cm hohen Pflanzen sind unverzweigt und besitzen einen ca. 10–20 cm langen Blütenstand, der im unteren Bereich manchmal leicht aufgelockert ist. Die ungespornte Blütenlippe ist zweilappig und konkav gebogen, die restlichen Perigonblätter neigen sich schützend helmförmig über dem Geschlechtsteil der Blüte zusammen. Die einzige Farbabwechselung wird durch die großen leuchtendgelben Pollinien erzielt.

Wie bei einigen anderen Orchideen verfault auch bei der Nestwurz der Blütensproß gegen Ende der Vegetationsperiode nicht, sondern er verholzt. Aus diesem Grunde kann man selbst bei geschlossener Schneedecke im Winter immer noch die Standorte von Neottia finden. Sogar im darauffolgenden Frühsommer stehen bei dieser wie anderen blühenden Orchideen-Arten unmittelbar daneben die abgestorbenen verholzten Sprosse des Vorjahres. Man kann dadurch sehr schön die Wanderungsrichtung der Pflanze erkennen. Wie bei vielen anderen saprophytisch lebenden Orchideen besitzt auch Neottia keine unterirdische Knolle, sondern ein typisch ästiges Rhizom. An diesem unterirdischen Sproß sind bei der Vogelnestwurz zahlreiche fleischige Wurzeln entwickelt, die kurz und unverzweigt, also auch ohne Seitenwurzeln höherer Ordnung – nestähnlich (Name!) – angeordnet sind.

Oft ist in Lehrbüchern zu lesen, daß sich die Saprophyten unter den höheren Pflanzen ihre organischen Nährstoffe selbst aufschließen können; wie das aber im Detail geschieht, ist bis heute weitgehend unklar. Vermutlich stehen alle saprophytischen Pflanzen, so auch Neottia nidus-avis, mit grünen Mycorrhiza-Pflanzen (in der Regel sind auch die Laubbäume an Nestwurz-Standorten mycotroph) durch Pilzfäden miteinander in Verbindung (siehe Einleitung).

Man sollte annehmen, daß sich sämtliche Saprophyten schwieriger kultivieren lassen, als die in bezug auf ihre Ernährung weniger stark spezialisierten Mycorrhiza-Pflanzen. Das stimmt aber nicht in jedem Fall. Neottia z. B., die auch als erwachsene Pflanze auf ihren Pilz noch dringendst angewiesen ist, läßt sich aus Samen in Humuserde leichter heranziehen, als beispielsweise der Frauenschuh. Vermutlich liegt das jedoch nicht an der Orchideen-Pflanze selbst, sondern an der jeweiligen Pilzart. Es läßt sich nämlich der ›Neottia-Pilz‹ leichter kultivieren als der ›Cypripedium-Pilz‹. Daß manche Orchideen auf eine ganz bestimmte Pilzart spezialisiert sind, andere hingegen weniger wählerisch zu sein scheinen, kann man bei den typischen Pflanzengesellschaften am natürlichen Standort beobachten. Die meist in Fichtenbeständen vorkommende Corallorhiza trifida steht sicherlich mit demselben Pilz in Verbindung, mit dem auch Fichten eine Symbiose eingegangen sind. Bei Neottia dürften es wohl Buchen sein, die mit ihr zusammen denselben Partner gewählt haben. Auch mehrere Orchideen-Arten können wahrscheinlich ein- und denselben Pilz bevorzugen oder eine Art mehrere verschiedene Pilze. (Ausführliche Untersuchungen zu dieser Fragestellung liegen – wie schon erwähnt – auch hier noch nicht vor.)

Neottia nidus-avis ist überall in Mitteleuropa weit verbreitet und sicherlich keine ausgesprochen seltene Orchidee. Auch in anderen Teilen Europas bis hin nach Asien ist sie heimisch. Die Standorte sind meist humusreich und kalkhaltig, sowohl in der Ebene als auch in Mittelgebirgen oder im Hochgebirge (dort meist unterhalb, vereinzelt auch bis zur Baumgrenze). In unserem Raum ist die Nestwurz sogar derartig häufig, daß man sie als Zeigerpflanze für den Kalkbuchenwald bezeichnen kann.

24, 25 EPIPOGIUM APHYLLUM (F. W. Sch) Sw.,
Widerbart, Oberkinn, Ohnblatt
Familie: Orchidaceae (Knabenkräuter, Orchideen)
Ernährungsart: Saprophyt
Blütezeit: Juli–August

Auch der Widerbart ist ein typischer Fäulnisbewohner unserer heimischen Flora. Die Pflanzen besitzen wie Neottia oder Corallorhiza keine grünen Laubblätter, sondern nur unscheinbare Schuppenblätter, die eng am Sproß anliegen. Normalerweise ist der Widerbart bräunlich- bis blaßgelb, nur an manchen Standorten (vgl. auch die Schmarotzerpflanze Lathraea) rosarot bis rötlichviolett überlaufen. Die ca. 20–30 cm hohen Pflanzen bilden nur wenige (ca. $^1/_2$ Dutzend) Blüten aus, die recht groß und bei genauerem Hinsehen sehr apart gestaltet sind. Wiederum ist es die Lippe, die – wegen ausbleibender Resupination nach oben stehend – aufgrund ihrer zarten Färbung und ihrer bizarren Male besonderes Aufsehen erregt. Die beiden seitlichen Zipfel dieser dreilappigen Lippe sind klein und unscheinbar, auf dem großflächigen Mittellappen hingegen stehen leistenartig papillöse Erhebungen, die rosarot bis violett gefärbt sind. Der Mittellappen dieser Lippe ist mehr oder weniger stark konkav gebogen, der Lippenrand ganz fein und kaum sichtbar gelappt. Unmittelbar hinter der Lippe liegt ein kräftiger kolbenähnlicher Sporn eng an, der annähernd so lang wie die Blütenlippe ist. Sämtliche Pflanzenteile, namentlich die Blüten, wirken glasig zerbrechlich, da sie glitzernd von einem Schmelz überzogen sind. In gewisser Weise ist das auch tatsächlich der Fall, denn sie sind sehr wasserreich. Besonders gegen Abend verbreiten die Blüten einen starken Bananenduft, um die Nachtfalter anzulocken.

Wäre der Name Koralle nicht schon vergeben (Corallorhiza trifida), diese Orchideen-Art könnte ihn ebenfalls mit Recht erhalten, denn nicht nur die Blüten, sondern auch die unterirdischen verzweigten Rhizome sind korallenartig gestaltet. Sowohl diese ästigen Wurzelstöcke als auch die wenigen nicht behaarten Wurzeln sollen stark verpilzt sein – auch hier sind weitergehende Untersuchungen notwendig. Die Basis des Hauptsprosses ist knollenartig angeschwollen. Da dieser verdickte Sproßabschnitt dicht unter der Erdoberfläche liegt, braucht man am Standort nur ein wenig die Humus- oder Torfmoos-Schicht zu entfernen, um dieses Speicherorgan sehen zu können.

Der Widerbart wächst in humusreichen, feuchten und schattigen Nadelwäldern, seltener im Mischwald, wobei der pH-Wert des Erdreichs neutral oder höchstens schwach sauer ist. Zweifellos gehört Epipogium aphyllum zu den selteneren Orchideen, was vielleicht auch daran liegen mag, daß die Blüten nur in wenigen Fällen befruchtet werden, und daher an einem Standort stets nur eine geringe Samenzahl zur Verbreitung der Art beitragen kann.

Das allgemeine Verbreitungsgebiet reicht von Spanien bis in die UdSSR, von Skandinavien bis zum Mittelmeer.

26 MONOTROPA HYPOPITYS L., Fichtenspargel,
Buchenspargel
Familie: Pyrolaceae (Wintergrüngewächse)
Ernährungsart: Saprophyt
Blütezeit: Juli–August (September)

Während Corallorhiza trifida und Limodorum abortivum wegen ihres äußerst geringen Gehaltes von Chlorophyll (die Chloroplasten sind stark reduziert) zwischen den Mycorrhiza-Pflanzen und den Saprophyten stehen, gehört Monotropa zusammen mit Neottia und Epipogium zu den echten Saprophyten,
denn sie besitzt niemals Chlorophyll und kann somit noch
nicht einmal in geringem Maße photosynthetisch aktiv sein.
Auf die Lebensweise dieser Ernährungsspezialisten ist bereits
in der Einleitung näher eingegangen worden, besonders auf
die Möglichkeit einer Pilzbrücke zwischen Saprophyten und
Mycorrhiza-Pflanzen. Auf welche Art und Weise kommt aber
nun der Saprophyt, respektive der Fichtenspargel zu den Näh-
stoffen des Pilzes? Die bis zu einem halben Meter tief im
Erdreich liegenden Wurzeln sind von einem dichten Hyphen-
mantel umgeben. Speziell bei dem Fichtenspargel handelt es
sich um Fäden der Pilzart Monotropomyces nigrescens Cost.
et Duf. Unmittelbar an der Wurzeloberfläche schwellen diese
Fäden an und bilden sog. ›Haustorien‹ (bei diesen Haustorien
handelt es sich nicht, wie bei den Parasiten um Kontaktorgane,
sondern lediglich um Zellverlängerungen!), die in Wurzelzellen
von Monotropa-Pflanzen eindringen. Der Pilz erhält auf diesem Wege Wasser und Kohlehydrate, der Fichtenspargel die
vom Pilz zubereiteten bzw. von anderen Mycorrhiza-Pflanzen
weitergeleiteten organischen Nährstoffe.

Monotropa ist in unserem Raum die einzige Gattung, die
chlorophyllos ist und nicht zu den Orchideen gehört oder
sich parasitisch ernährt wie etwa Lathraea. Die mehrjährigen
Pflanzen sind recht unscheinbar. Die meist nur 20 cm hohen
Stengel sind gelblich-braun, ebenso die zum Rhizom hin immer
dichter angeordneten schuppenartigen Blätter. Am nickenden

traubigen Blütenstand entfalten sich die Blüten von oben nach unten hin; wenn der Sproß vertrocknet, richtet sich der Blütenstand auf. Die Blüten sind glockenförmig länglich gestreckt, gelblich-braun und ebenfalls von wachsähnlichem Aussehen. Wuchs, Blüten oder Blätter können beim Fichtenspargel recht unterschiedlich gestaltet sein. Auch Farbvarianten von weißlich-gelb bis purpurrot können vorkommen.

Die Pyrolaceen (früher auch als Monotropaceae bezeichnet) gehören zu solchen Pflanzengruppen, die als Ernährungsspezialisten bis heute schwer in den Griff zu bekommen sind. Obwohl die Mehrzahl der Arten völlig ›normal‹ entwickelte Laubblätter aufweist, die zudem meist wintergrün sind (Name!), werden sie alle leichtfertig als Saprophyten bezeichnet. Abgesehen von den chlorophyllosen Vertretern dieser Familie handelt es sich lediglich um Mycorrhiza-Pflanzen, bei denen ganz ähnliche Verhältnisse wie etwa bei Fichten, Buchen oder Orchideen herrschen. Die Meinung, daß einige Arten sogar parasitisch auf Wiesengräsern leben, konnte nicht bestätigt werden. Zur sicheren Abgrenzung und Beschreibung der Lebensweise sind klare Definitionen von Parasitismus etc. unumgänglich.

Auf lockerem Humusboden findet man Monotropa hypopitys in feuchten Nadel- und Laubwäldern. In Mitteleuropa ist sie von der Ebene bis in subalpine Regionen weit verbreitet. Da aus dem Rhizom einer Pflanze meist mehrere Stengel hervorgehen, tritt der Fichtenspargel stets truppweise auf.

27–32 VISCUM ALBUM L., Weiße, Nordische Mistel
       Familie: Loranthaceae (Mistelgewächse)
       Ernährungsart: Halbschmarotzer, Sproßparasit
       Blütezeit: März–Mai

Die Mistel gehört wohl zu den bekanntesten Pflanzen weithin, denn irgendwann kommt jeder, auch der botanisch nicht Interessierte, mit dieser Pflanze in irgendeiner Form in Berührung. So kennt in vielen Gebieten der Land- oder Forstwirt die Mistel als Schmarotzer auf seinen Bäumen; Ärzte, Apotheker und Drogisten kennen die Pflanze aus der Heilkunde, Verkäufer benutzen Misteln manchmal zu Dekorationszwecken, oder Blumenhändler bieten sie im Winter zum Verkauf an, und in den letzten Jahren ist selbst allen aufmerksamen Asterix-Lesern die Mistel recht vertraut geworden, weil der Druide ›Miraculix‹ sie büschelweise von den Bäumen holte, um daraus einen geheimnisvollen Zaubertrank für die Gallier zu brauen. Der hohe Bekanntheitsgrad der Mistel wird bereits aus der Mythologie des Altertums ersichtlich. Aufgrund zahlreicher Überlieferungen müssen die Pflanzen schon zu dieser Zeit eine wichtige gesellschaftliche Rolle gespielt haben. So findet man Mistelzweige in der Hand der Götter; Medizinmänner und Priester, Feldherren und Könige holten sie zum Teil selbst von den Bäumen. Sogar in den alten Sagen steht die Mistel manchmal im Mittelpunkt. Die Mistelpflanzen waren mehr als nur Wunderpflanzen: man verehrte sie wie Heiligtümer. Wer in ihrem Besitz war, konnte Schmerzen lindern, Kranke heilen, Schätze aufspüren, und überhaupt würden sich dadurch Wünsche aller Art erfüllen.

Dieser Mythos der Germanen oder Kultus der Kelten hat sich bis heute, wenn auch in stark abgeschwächter Form, erhalten. So sind in fast allen Gebieten, in denen die Mistel heimisch ist, die verschiedensten Sitten und Bräuche auf die ehemalige Verehrung und Heiligkeit der Mistel zurückzuführen, wenngleich wir heute wissen, daß nicht die Götter den Mistelsamen über die Bäume streuen, sondern daß die Verbreitung der Samen durch Vögel geschieht. So ist es in weiten Teilen Englands heute noch üblich, einen Mistelzweig in der Weihnachtszeit über die Tür zu hängen und die junge Dame, die sich für einen Moment unter der Mistel befindet, darf auf der Stelle geküßt werden. In manchen Gegenden der Schweiz trägt die Braut bei der Hochzeit einen Kranz, in dem auch Misteln zu sehen sind: ein altes Fruchtbarkeitssymbol, das sogar in außereuropäischen Ländern (z. B. Japan) weit verbreitet ist. Auch in Frankreich und anderen Ländern kommt durch verschiedene Sprichworte und Gebräuche dieses Fruchtbarkeits-symbol zum Ausdruck. In anderen Gegenden hingegen soll es Unglück bringen, wenn Misteln auf Weiden wachsen. Eine besondere Beziehung hat die Mistel in der Volkskunde zum Feuer: sie stellt ein erfolgreiches Abwehrmittel gegen Blitze dar oder kann sogar mit magischer Kraft Feuer löschen.

Die Mistel als Arzneimittel kommt ebenfalls schon im Druidenkult vor. Auch lange Zeit später galt Mistelsaft noch als Heilmittel gegen Epilepsie, wobei sich damit auch die Kirche dieser überlieferten Mythologie bediente, um den Misteltrank gegen Besessenheit zu verabreichen oder Rosenkränze und Kreuze aus Mistelholz herzustellen. Sogar in der heutigen Zeit machte die Mistel erneut von sich reden. In ihr sollen nämlich krebshemmende Stoffe enthalten sein. Ob dieser aufregenden Meldung wissenschaftlich fundierte Ergebnisse zugrunde liegen, oder vielleicht doch nur Mythologien des Altertums erneut aufgewärmt wurden, mag dahingestellt bleiben. In jedem Fall wird eines deutlich: das Thema Mistel ist noch lange nicht begraben.

Aus welchem Grunde ist die Mistel nun für den Botaniker von so großem Interesse? Im Mittelpunkt steht natürlich auch hier das Schmarotzertum, denn es handelt sich um eine der wenigen Pflanzenarten in Mitteleuropa, die nur auf den Sprossen ihrer Wirte parasitieren. Damit gehört die Mistel zu einer anderen recht interessanten Pflanzengruppe, den Hängepflanzen (Epiphyten), solchen Pflanzen also, die ihren Lebensraum vom Erdboden ›in die Luft‹ verlegt haben. Es liegt auf der Hand, daß alle Epiphyten im weitesten Sinne auch zu den Ernährungsspezialisten gehören, denn sie besitzen ja nicht die sonst üblichen Erdwurzeln, sondern müssen Wasser und Nährsalze auf anderem Wege besorgen. Neben dem Parasitismus gibt es zahlreiche andere Möglichkeiten, auf die hier jedoch nicht weiter eingegangen werden soll, denn epiphytische Orchideen, Bromeliaceen o.a. kommen in Mitteleuropa nicht vor.

Die weißen Mistelbeeren werden von verschiedenen Vogelarten gefressen (Drossel, Eichelhäher, Specht u. a.), die Samen der fleischigen Früchte jedoch nicht verdaut. Somit hängt der Mistelsamen in dem durch den Beerenschleim meist fädig gewordenen Kot der Vögel, der sich zwischen den Baumästen verfängt. Liegt der Samen direkt einem Ast an, so bildet sich bald ein Stengelchen mit Haftscheibe (Haustorium), die sich an dem Wirtsast fest verankert. Diese Haftscheibe ist wie der Samen und das Stengelchen grün, also bereits photosynthetisch aktiv. Wenn – aus welchen Gründen auch immer – die in den Sproß eindringenden Schmarotzerzellen das Leitungssystem nicht erreichen, so ist dieses frühe Mistelgebilde wegen seiner Assimilationsfähigkeit in der Lage, einige Jahre auszuharren, ohne sich jedoch entscheidend weiterentwickeln zu können. In der Regel dringen aber bald nach Ausbildung der Haftscheibe zahlreiche ›Senker‹ (Senker = in dem Wirtssproß gelegenes Schmarotzergewebe) bis zum Leitungsgewebe des Baumastes vor, so daß sich dann eine anfangs noch kleine Mistel entwickelt, die sich im Laufe der Zeit reich verzweigt und nach einigen Jahren Büschel von bis zu einem Meter Durchmesser bilden kann.

Wegen der großen Schwierigkeiten, solche Kontaktorgane mikroskopisch zu untersuchen, sind die anatomisch-histologischen Befunde noch nicht endgültig zu werten. Soviel scheint festzustehen: die intrusiven Schmarotzerzellen greifen nicht nur die Wasserleitungsbahnen (das Xylem) an. Auch das Phloem, also die Leitbahnen für organische Substanzen, wird angezapft. Außerdem können sich vermutlich an den langen Senkern Knospen bilden, die als vegetative Mistelpflanzen die Rinde des Wirtsastes durchbrechen. Bis heute kann noch nicht mit Sicherheit gesagt werden, ob es sich bei den Senkern um Organe mit Wurzel- oder Sproßcharakter handelt. Vielleicht ist es sogar ein Organ ›sui generis‹, also weder Wurzel noch Sproß, sondern völlig eigener Art.

Obwohl Wirtsäste auf Mistelbefall mit Anschwellen reagieren (Vermehrung von Rindengewebe), wurde von einigen Wissenschaftlern die Vermutung geäußert, daß auch der Wirt durch die Mistelpflanze einen Vorteil erzielen kann. So könnte beispielsweise ein Apfelbaum im Sommer die Mistel mit Wasser und Mineralsalzen versorgen, im Winter hingegen von der immergrünen Mistel organische Substanzen als Gegenleistung erhalten. Das würde bedeuten, daß hier kein Schmarotzertum vorliegt, sondern eine Symbiose (siehe Einleitung).

Alle Sprosse der Mistel sind gleichmäßig gabelig verzweigt (nicht dichotom), an den Enden stehen stets zwei fast im rechten Winkel angeordnete Blätter, die mehrjährig oder einjährig sein können. Zwischen diesen beiden Blättern befindet sich die Endknospe bzw. das Blütenköpfchen. Die Mistelpflanzen sind getrennt geschlechtlich, dementsprechend gibt es männliche und weibliche Pflanzen.

Während in Südeuropa neben den Viscum-Arten noch Loranthus europaeus L. vorkommt, einige Misteln haben gelbliche Beeren, gibt es in unserem Raum nur die weiße Mistel, die jedoch von einigen Autoren in Laubholz-, Kiefern- und Tannen-Mistel unterschieden wird. Das Verbreitungsgebiet der weißen Misteln reicht von Portugal bis Persien, von Skandinavien bis Sizilien.

33, 34 CUSCUTA EUROPAEA L. Europäische Seide,
Nesselseide, Hopfenseide
Familie: Convolvulaceae (Windengewächse)
Ernährungsart: (Voll-) Halbschmarotzer, Sproßparasit
Blütezeit: Juni–September

In jeder Wohnung läßt sich auf einfache Weise nachvollziehen, wie sich diese Pflanze am natürlichen Standort entwickelt und zu welch außerordentlichen Leistungen sie befähigt ist. Benötigt werden dazu Cuscuta-Samen, eine kleine Glas- oder Porzellanschale, Löschpapier sowie eine Wirtspflanze, die 'geopfert' wird. Einige Tage läßt man nun die Samen im Wasser aufquellen, möglichst zusammen mit vertrockneten Blüten- oder Kelchresten. Danach legt man die einzelnen Samenkörnchen in eine mit feuchtem Fließpapier ausgelegte Schale (das Wasser, in dem das Fließpapier getränkt ist, kann leicht angesäuert sein) und deckt diese ab; die Samen müssen stets feucht bleiben! Nach wenigen Tagen beobachtet man an einigen Samen kleine weiße Anhängsel, die bald eine Länge von ca. 1 mm haben. Der Samen wird nun so in einen Blumentopf gelegt, daß er ungefähr 2 cm vom Hauptsproß der Wirtspflanze (Coleus-Arten eignen sich sehr gut) entfernt liegt und das weiße Anhängsel mit Erdreich in Berührung kommt. Der Samen keimt nun weiter fadenartig aus und befestigt sich mit einem Kontaktorgan am Wirt. Der Rest stirbt rasch ab. Dem weiteren Wachstum der noch kleinen Schmarotzerpflanze kann man förmlich zuschauen. Nach kurzer Zeit windet sich der Sproß um Wirtszweige und -blätter, und es bilden sich weitere Kontaktorgane, die die Pflanze fest am Wirt verankern und zu gleicher Zeit für anorganische und organische Nährstoffe sorgen. Bereits nach wenigen Wochen ist die gesamte Wirtspflanze ›fest in der Hand des Schmarotzers‹. Der Wirt ist jetzt nicht mehr lange lebensfähig. Um das damit ebenfalls gefährdete Leben der Schmarotzerpflanze zu retten, können andere Pflanzen in die Nähe gestellt werden, so daß die Cuscuta-Pflanze nach Bedarf zum Nachbarn wandern kann!

Der fadenförmige Stengel von Cuscuta europaea ist stark verzweigt und kann am natürlichen Standort bis eineinhalb Meter hoch klettern, wobei die eigenen Pflanzenteile von unten her vertrocknen. Versuche zeigten, daß bei ›waagerechter Wanderung‹ einer Pflanze bis zu 5 m zurückgelegt werden können, der jeweils lebende Pflanzenteil jedoch meist nur ca. 50–100 cm lang ist. Während die Pflanzensprosse anfangs gelblich sind, färben sie sich später leicht rötlich. Die Blüten stehen in dichten Knäueln und sind entweder rötlich, seltener gelb. Im Herbst entstehen grünlich-rote Früchte, in denen jeweils zwei kugelige und ungefähr 1 mm breite Samen enthalten sind.

Die Europäische Seide setzt sich aus zahlreichen Formen zusammen, deren Bestimmung größere Schwierigkeiten bereiten kann. Die systematische Wertigkeit solcher Sippen ist hier manchmal besonders umstritten, da man immer noch nicht genau weiß, inwieweit Standortbedingungen oder die Art der jeweils aufgesuchten Wirtspflanze Einfluß auf den Schmarotzer ausüben könnte. Cuscuta europaea kommt mehr oder weniger überall in Europa vor. Selbst in Asien, Nordafrika und Nordamerika ist sie heimisch, allerdings dürfte sie nach Nordamerika jedoch eingeschleppt worden sein. Diese nicht wirtsspezifischen Schmarotzerpflanzen bevorzugen meist hellere Standorte vor Hecken oder Gebüschen (z. B. auf Brennesseln oder Hopfen). Dieselben Wirtspflanzen (auch Wicken, Gräser u.a.) werden ebenso gern an Bach- oder Teichrändern attackiert. Weitere Wirtspflanzen können Bäume, Sträucher, Farne, ja sogar Schachtelhalme sein. Da die Europäische Seide eine ökologisch wenig anspruchsvolle Pflanze der europäisch-asiatischen Flora ist, konnte hin und wieder sogar Massenauftreten auf Kartoffel- oder Bohnenfeldern beobachtet werden.

35, 36 CUSCUTA EPITHYMUM (L.) Nathh., Quendel-Seide, Klee-Seide

Familie: Convolvulaceae (Windengewächse)
Ernährungsart: (Voll-) Halbschmarotzer, Sproßparasit
Blütezeit: Juli–September

Sämtliche Vertreter der Gattung Cuscuta leben epiphytisch auf anderen Pflanzen und ernähren sich von diesen, sind also Sproßparasiten. Da die meist bleichgelblichen und fast blattlosen Pflanzen nach neueren Untersuchungen trotzdem schwach photosynthetisch aktiv sind, gehören sie mehr zu den Halbschmarotzern. Dennoch stellen sie einen Übergang zu den Vollparasiten dar, denn die Chloroplasten (siehe Einleitung) sind reduziert und demnach nicht voll funktionstüchtig. Es ist also naheliegend, daß die Zellen der Kontaktorgane nicht nur die ›Wasserleitung‹ ihres Wirtes anzapfen, sondern auch die Leitbahnen für organische Substanzen. Das ist auch tatsächlich der Fall: wie eine Hand umgreift die Schmarotzerzelle solche Leitbahnen und bewirkt dadurch in großem Maße eine

Vergrößerung der Oberfläche. Wie die Substanzentnahme nun im einzelnen erfolgt, soll hier nicht näher erklärt werden, zumal immer noch bei fast allen Schmarotzerpflanzen in diesem Punkt Unklarheit herrscht. Da Cuscuta-Samen zwar im Erdreich keimen, sich aber nach wenigen Tagen zum Epiphyten entwickeln (siehe Cuscuta europaea), ist die kurzlebige Wurzel nur von untergeordneter Bedeutung. Dementsprechend einfach ist sie konstruiert: Leitbahnen werden ebenso wie Seitenwurzeln gar nicht erst angelegt. Aus dem Samen entwickelt sich rasch ein dünner Sproß, der in der Regel bald Anschluß an eine Wirtspflanze findet. Die Pflanze verästelt sich nun stark und rankt an allen möglichen Pflanzenteilen (z.T. auch an sich selbst) empor. Kontaktorgane entstehen in großer Zahl. Sie haften nicht nur an Wirtszweigen, sondern auch an Blättern, Blüten, Früchten, abgestorbenen Ästen, Weidenzäunen usw. Die meist rot gefärbten Sprosse besitzen, wenn man von den verkümmerten Hochblättern absieht, keine Laubblätter. Aus den Achseln der Tragblätter gehen Blütenknäuel hervor, deren Blüten rosarot bis rötlich-weiß gefärbt und ungefähr einen halben Zentimeter lang sind. Ein Blütenknäuel besteht aus ca. 10–15 dicht gedrängten Blüten. Als gutes Unterscheidungsmerkmal der hier beschriebenen Arten dient der Griffel. Während dieser nämlich bei Cuscuta europaea höchstens ebenso lang ist wie der Fruchtknoten, ist er bei Cuscuta epithymum deutlich länger.

Im mitteleuropäischen Raum kommen etwa 10 Cuscuta-Arten vor, die zum Teil kaum voneinander zu unterscheiden sind. Erschwerend kommt hinzu, daß sich fast alle Arten in zahlreiche Unterarten oder Sippen aufschlüsseln, die zudem miteinander bastardieren. Von zahlreichen Wissenschaftlern wurden die Cuscuta-Arten aus der Familie der Convolvulaceen herausgenommen (da sämtliche anderen Windengewächse nicht parasitisch leben) und als die eigene Familie ›Cuscutaceae‹ geführt. Ähnlich wie bei den Orobanchaceen beziehen sich einige Artnamen auf solche Wirtspflanzen, die anscheinend bevorzugt angegriffen werden, wie z.B. Flachs-Seide,

Weiden-Seide oder die hier behandelte Quendel-Seide. Die
zahlreichen Namen im Volksmund sind auf den Habitus und
die Lebensart der Pflanze zurückzuführen: Teufelszwirn, Jung-
fernhaar, Nesselbrut, Kletterhur, Hexenseide. Wie die Mehrzahl der Cuscuta-Arten ist auch die Quendel-Seide eine aus
ökologischer Sicht weitgehend anspruchslose Pflanze und dementsprechend auch nicht wirtsspezifisch.

Im Bereich Spanien, England, Norwegen, Asien, Italien und
im Mittelmeergebiet ist Cuscuta epithymum ebenso verbreitet
wie im mitteleuropäischen Raum.

37, 38 THESIUM BAVARUM Schr., Bayerisches Leinblatt,
Berg-Leinblatt, Bayerischer Bergflachs
Familie: Santalaceae (Sandelholzgewächse, Leinblatt-
gewächse)
Ernährungsart: Halbschmarotzer, Wurzelparasit
Blütezeit: Mai–Juli

Die Leinblattgewächse sind eng verwandt mit den Loranth-
aceae, den Mistelgewächsen. Von den ungefähr 500 Arten,
die wohl alle parasitisch leben, ist die Gattung Thesium mit
annähernd der Hälfte der Arten die größte Gattung, wobei
zahlreiche Vertreter auch in Europa vorkommen. Während
in unserem Gebiet die Santalaceen aus wirtschaftlicher Sicht
ohne größere Bedeutung sind, gelten sie in den Tropen und
Subtropen als Nutzpflanzen. So findet das harte wohlriechende
Holz ebenso Verwendung für künstlerische Arbeiten wie zur
Gewinnung des bekannten, stark duftenden Sandelöls. Die
unterirdischen Knollen oder Sprosse einiger Arten haben als
Heilmittel Bedeutung, andere Rhizome (Muira-puama) als
›sensationelle Sex-Droge‹.

Die mehrjährigen Pflanzen von Thesium bavarum können
bis zu einem Meter hoch werden, normalerweise erreichen
sie eine Höhe von ungefähr 50 cm. Aus einem Rhizom entstehen meist mehrere Hauptsprosse, die im unteren Bereich stark

verholzt und nicht verzweigt sind. Im oberen Bereich der Hauptachse bilden sich zahlreiche Seitenäste, so daß man von rispiger Verzweigung sprechen kann. Die dunkelgrünen ganzrandigen und zugespitzten Laubblätter sind lanzettlich und drei- oder fünfnervig.

Als locker angeordnete Rispe besteht die Infloreszenz aus zahlreichen, meist dreiblütigen Trugdolden, bei denen die beiden äußeren Blüten stets von drei grünen Hochblättern umgeben sind. Die mittlere Blüte einer solchen Trugdolde ist etwas kürzer gestielt, hier steht nur – wenn überhaupt – ein Hochblatt. Die strahlend weißen Blüten sind nur 2–3 mm groß und von glockiger Gestalt.

Bei den Thesium-Arten überwintern die Pflanzen nicht mit Hilfe von Knollen, sondern es entstehen ästige Rhizome. An diesen im Erdreich fast waagerecht wachsenden dünngliedrigen Sprossen entstehen Knospen, aus denen im darauffolgenden Jahr blätter- und blütentragende Sprosse hervorgehen. Wie bei den meisten Wurzelparasiten können auch bei Thesium gleichzeitig mehrere Wirtspflanzen von einer Schmarotzerpflanze attackiert werden. Thesium bavarum ist ebenso auf keine bestimmte Wirtsart angewiesen. Bevorzugt scheinen jedoch die Wurzeln von ausdauernden Pflanzen angegriffen zu werden. Über die Morphologie und Anatomie der Kontaktorgane ist nur wenig bekannt. Eigene neuere Untersuchungen zeigten, daß in solchen Haustorien sehr oft Bakterien angesiedelt sind. Ob diese Erscheinung jedoch einen direkten Einfluß auf die Ernährungsweise der Pflanze hat, kann ohne weitergehende Untersuchungen nicht gesagt werden. Die Größe der Kontaktorgane richtet sich, anders als beispielsweise bei den meisten Scrophulariaceen, nach der Größe der Wirtswurzel. Je größer diese ist, um so größer wird das Haustorium. Die Wirtswurzel wird mit sogenannten Rindenfalten umklammert, so daß in hohem Maße eine sichere Verankerung gewährleistet wird. Die in den Wirt eindringenden Schmarotzerzellen lösen anfangs wahrscheinlich enzymatisch das Rindengewebe der Wirtswurzel auf. Haben diese Zellen die Leitungsbahnen des

Wirtes erreicht, so spalten sie auf mechanischem Wege den Zentralzylinder. Durch kleine Tüpfel zwängen sich die Schmarotzerzellen in die jeweiligen Leitungsbahnen, schwellen an und bringen sie zum Platzen.

Das Bayerische Leinblatt ist im südöstlichen Teil Mitteleuropas verbreitet. Als wärmeliebende Pflanzenart trifft man sie in der Ebene und im Mittelgebirge in Trockenbuschgesellschaften oder im lichten Mischwald an. In den Alpen kommt sie hin und wieder in wärmeren Tälern vor (bis 1800 m).

39   THESIUM PYRENAICUM Pourr., Wiesen-Leinblatt,
      Bergflachs
      Familie: Santalaceae (Sandelholzgewächse, Leinblatt-
      gewächse)
      Ernährungsart: Halbschmarotzer, Wurzelparasit
      Blütezeit: Mai–Juli

Das Wiesenleinblatt ist in der Regel nur halb so groß wie Thesium bavarum, trotzdem erreichen die Pflanzen immer noch eine Höhe von ca. 30 cm. Aus einer kurzen Grundachse entwickeln sich mehrere Sprosse, die hellgrün und nur im oberen Bereich verzweigt sind. Die undeutlich dreinervigen hell-grünen Laubblätter sind schmal lanzettlich-lineal und spitz auslaufend. Die weißen Blüten des traubigen Blütenstandes werden auch hier jeweils von drei Tragblättern gestützt, die am oberen Rand mit dünnen Zähnchen besetzt sind. Weitere Angaben zur Lebensweise können wir uns ersparen, da dieselben Verhältnisse wie bei Thesium bavarum vorliegen.

Die früher auch als Thesium pratense Ehrh. ex Schrad. beschriebene Art ist in Mitteleuropa besonders in den Gebirgen weit verbreitet. Die Pflanzen bevorzugen nährstoffreiche saure Böden. Auf entsprechenden Bergwiesen oder in lichten Wäldern können sie häufiger truppweise vorkommen. Die nördlichsten Standorte liegen wohl in Holland, die südlichsten in Spanien und Jugoslawien.

40   THESIUM ALPINUM L., Alpen-Leinblatt, Bergflachs
41   THESIUM ROSTRATUM Mert. et Koch, Schnabel-
      früchtiges Leinblatt, Bergflachs
      Familie: Santalaceae (Sandelholzgewächse, Leinblatt-
      gewächse)
      Ernährungsart: Halbschmarotzer, Wurzelparasit
      Blütezeit: (Th. alpinum) Mai–Juli
      (Th. rostratum) April–Mai

Das Alpen-Leinblatt gehört mit einer Höhe von nur ungefähr
20 cm zu den kleinerwüchsigen Thesium-Arten und kann vom
Habitus her leicht mit kleineren Exemplaren von Thesium
pyrenaicum verwechselt werden. Als gutes Unterscheidungsmerkmal eignet sich jedoch die Infloreszenz, die beim Alpen-
Leinblatt in der Regel auffällig einseitswendig ist. Die ebenfalls
grünen linealischen Laubblätter sind einnervig. Von dem
Schnabelfrüchtigen Leinblatt, das den anderen mitteleuropäischen Leinblatt-Arten ebenfalls recht ähnlich ist, sind besonders zwei Merkmale zu nennen, die eine sichere Unterscheidung gewährleisten. Zum einen wird jede Blüte jeweils nur
von einem einfachen Tragblatt gestützt, zum anderen sind
die reifen Früchte sehr groß und von zitronen- bis dottergelber
Farbe.
    Thesium alpinum ist eine myrmekochore Pflanze, d.h., die
Früchte werden durch Ameisen verbreitet (siehe auch Rhinanthus aristatus). Während bei anderen Myrmekochoren am Samen ein Elaiosom (Nahrungsvorrat für die Ameisen) ange-
hängt ist, wird hier der Fruchtstiel elaiosomartig ausgebildet.
Ob auch die Samen der anderen Thesium-Arten von Ameisen
verbreitet werden, ist nicht bekannt.
    Während Thesium rostratum nur im südlichen Mitteleuropa
vorkommt und relativ selten ist, erstreckt sich das Verbreitungsgebiet von Thesium alpinum zudem stark nach Südeuropa. In Schweden, Spanien, ja, bis in die UdSSR ist die Art
verbreitet. Ziemlich unabhängig von der Beschaffenheit des
Bodens findet man das Alpen-Leinblatt auf trockenen Mager-

rasen in alpinen Regionen oder in der Ebene. Thesium rostratum scheint in der Standortwahl anspruchsvoller zu sein. Besonders in den Ostalpen und im Alpenvorland findet man die Pflanzen in Kiefernwaldgesellschaften, auf kalkreichen Trockenrasen, an Geröllhalden oder im Kies ausgetrockneter Gebirgsbäche.

42   PEDICULARIS PALUSTRIS L., Sumpf-Läusekraut
Familie: Scrophulariaceae (Rachenblütler)
Ernährungsart: Halbschmarotzer, Wurzelparasit
Blütezeit: Mai–Juli

Von dem Sumpf-Läusekraut hat die Gattung Pedicularis ihren Namen bekommen (lat.: pediculus = Laus), denn früher wurde besonders Haustieren der Pflanzenabsud gegen Läuse verabreicht. Das hatte durchaus seine Berechtigung, denn neuere Untersuchungen zeigten, daß durch den gewonnenen Absud tatsächlich Insekten getötet werden. Wie andere Pedicularis-Arten wird normalerweise auch das Sumpf-Läusekraut vom Vieh gemieden. Wenn durch Massenauftreten auf einer Wiese zu viele solcher Pflanzen in das Futter gelangen, kann sogar das Vieh ernstlich erkranken. Nicht zuletzt ist das vermutlich auch der Grund dafür, daß diese Pflanzen allgemein bekannt sind und aufgrund ihres weiten Areals regional die verschiedensten Namen erhalten haben, wie z.B. Hahnenkopf, Rodelkraut, Wolfskraut, Streuteufel, Wiesenwolf, Iserhart, Eisenrade, Zitzelsauger, Saugtitten u.a.

Die Pflanzen können über einen Meter hoch werden und durch zahlreiche Bereicherungstriebe bereits von der Basis her recht stark verzweigt sein. Es können aber auch – besonders in höheren Lagen – spärlich oder sogar nichtverzweigte niedrige, nur ca. 10 cm hohe Pflanzen vorkommen, die aufgrund zahlreicher Merkmale leicht mit dem Wald-Läusekraut (Pedicularis silvatica L.) verwechselt werden, zumal beide Arten manchmal unmittelbar nebeneinander vorkommen. Besonders im oberen Bereich der Blütensprosse können die gefiederten Blätter der Pflanzen heller Standorte rötlich gefärbt sein, und zwar zum Teil derart intensiv, daß sie von weitem nicht deutlich von den Blüten unterscheidbar sind.

Das Verbreitungsgebiet von Pedicularis palustris reicht von Spanien bis China, von Italien bis Hammerfest, ja, selbst auf Neufundland kann die Art noch gefunden werden.

Besonders interessant ist ihr Vorkommen in Mitteleuropa, denn das Sumpf-Läusekraut gehört wie das Wald-Läusekraut zu den wenigen Pedicularis-Arten, die sowohl in alpinen Regionen als auch im Flachland in Mooren und Sümpfen vorkommen. Durch die Trockenlegung von Mooren und Sümpfen wurden die Pflanzen in solchen Gebieten weitgehend ausgerottet. Besonders eindrucksvoll kann man an trockengelegten Mooren erkennen, daß das Sumpf-Läusekraut an die Entwässerungsgräben geflüchtet ist und sich hier gerade noch halten kann.

43   PEDICULARIS SILVATICA L., Wald-Läusekraut
       Familie: Scrophulariaceae (Rachenblütler)
       Ernährungsart: Halbschmarotzer, Wurzelparasit
       Blütezeit: Mai–Juni

Auch aus den Pflanzen dieser Schmarotzerart wurde den Haustieren ein Absud verabreicht. Ob es sich tatsächlich um ein wirksames Mittel handelte, oder ob nur Verwechslungen mit dem Sumpf-Läusekraut vorlagen (in manchen Gegenden werden beide Arten mit denselben Namen angesprochen), ist ungewiß.

Ähnlich wie bei anderen Pedicularis-Arten ist die Hauptwurzel im oberen Bereich leicht rübenähnlich verdickt. Sowohl hier als auch an den oberen kräftigen Seitenwurzeln können bisher unbekannte Typen von Kontaktorganen vorkommen (vgl. Pedicularis verticillata). ›Normal‹ entwickelte Haustorien kann man an allen Wurzeln vom Wald-Läusekraut finden, deren Form in der Regel recht charakteristisch ist. Im Gegensatz zu den meisten anderen Läusekräutern umwachsen nämlich hier die Haustorien regelrecht die Wirtswurzeln, wodurch eine besonders ausgeprägte Festheftung an der Wirtswurzel erreicht wird. Während an den meisten Pedicularis-Kontaktorganen zumindest wenige Wurzelhaare ausgebildet werden, sind die des Wald-Läusekrautes in der Regel wurzelhaarlos.

Es wurde bereits erwähnt, daß sehr niedrig wachsende Pflanzen von Pedicularis palustris leicht mit dem Wald-Läusekraut verwechselt werden können. Bei näherem Hinsehen sind dennoch beide Arten recht gut voneinander zu unterscheiden, denn beim Wald-Läusekraut sind die Bereicherungstriebe von kriechendem Wuchs. Während der Blütenstand der zentral aufrecht stehenden Hauptachse oftmals schon im Mai verblüht ist, öffnen sich die Blüten der Seitensprosse (also die Blütenstände der Bereicherungstriebe) erst später. Dadurch wird eine Verlängerung der Blühphase einer Pflanze erreicht, die länger als zwei Monate andauern kann. Die Blüten sind meist rosarot gefärbt – selten werden jedoch auch Albinos oder andere Mutationen gefunden.

Ähnlich wie beim Sumpf-Läusekraut ist auch das Vorkommen vom Wald-Läusekraut in Mitteleuropa nicht auf subalpine oder alpine Regionen beschränkt. Hin und wieder kann man Pedicularis silvatica in Mooren oder Sümpfen des Flachlandes finden.

44, 45 PEDICULARIS SCEPTRUM-CAROLINUM L.,
Karlszepter
Familie: Scrophulariaceae (Rachenblütler)
Ernährungsart: Halbschmarotzer, Wurzelparasit
Blütezeit: Juni–August

Bereits im Jahre 1701 bekam diese Pflanze zu Ehren Karls XII. von Schweden ihren Namen. Andere Bezeichnungen wie ›Königszepter‹ oder ›Moorkönig‹ zeigen, daß es sich um eine außergewöhnliche Pflanzenart handeln muß, und wenn man dieser Pflanze am Standort begegnet, so strahlt sie in der Tat etwas ›Majestätisches‹ aus.

Den kräftigen Rosetten mit ihren großen fiederteiligen Blättern entspringen bis zu einem Meter hohe, oftmals rötlich überlaufene Sprosse. An dem verlängerten Blütenstand sind nicht selten bis zu 20 kräftige Blüten entwickelt, die blaß- oder schwefelgelb gefärbt und mit leuchtend roter Unterlippenspitze versehen sind.

Auch aus blütenbiologischer Sicht stellt das Karlszepter etwas Besonderes dar. Man kann nämlich schon auf den ersten Blick hin erkennen, welche Blüten bereits bestäubt sind und welche nicht. Erst nach der vorwiegend von Hummeln durchgeführten Bestäubung erscheinen die Blüten nämlich halb geöffnet, während sie vorher eher wie Knospen geschlossen waren. In Wirklichkeit öffnen sich aber nicht etwa die Blüten nach der Bestäubung, sondern durch seitliches Eindringen der Bestäuber wurde die Unterlippe asymmetrisch verschoben. Damit auch kleine Insekten Zutritt erhalten, gelangt nun die Unterlippe der Blüte nicht mehr in ihre Ausgangsstellung zurück.

Während das außereuropäische Verbreitungsgebiet des Karlszepters von Skandinavien, der Ukraine, Mongolei, Mandschurei bis nach Japan reicht, sind in Mitteleuropa die Standorte stark zurückgegangen. Als ›Eiszeitüberbleibsel‹ ist nämlich der Lebensraum dieser herrlichen Pflanzen auf Flach- und Quellmoore, allenfalls Verlandungszonen, beschränkt. Kein Wunder also, daß auch das Karlszepter mit zunehmender Trockenlegung von Mooren stark gefährdet ist und die wenigen Vorkommen dementsprechend unter strengem Naturschutz stehen.

46   PEDICULARIS VERTICILLATA L., Quirl-Läusekraut
Familie: Scrophulariaceae (Rachenblütler)
Ernährungsart: Halbschmarotzer, Wurzelparasit
Blütezeit: Juni–August

Das Quirl-Läusekraut gehört im mitteleuropäischen Raum zu
den kleinwüchsigen Läusekräutern, denn die gesamte Pflanze
erreicht in der Regel eine Höhe von nicht mehr als 15 cm.
Während am basalen Sproßabschnitt eine rosettige Beblätterung herrscht, ist der Sproß an den wenigen Knoten drei-
bis vierzählig wirbelig beblättert. Die einfach fiederteiligen
Blätter sind meist kräftig grün, an manchen Standorten können
sie aber auch purpurrot gefärbt sein, worauf vielleicht auch
der weniger gebräuchliche Name ›Rötelkraut‹ zurückzuführen
ist. Die ca. 1,5 cm langen, dicht stehenden Blüten sind hell-
bis dunkelrot und zusammen mit den Deckblättern mehr oder
weniger deutlich sichtbar quirlig angeordnet (Name!).
    Wie bei einigen anderen Läusekräutern verdickt sich auch
bei Pedicularis verticillata dicht unter der Erdoberfläche die
Wurzel rübenartig und hat damit wahrscheinlich ebenfalls eine
Funktion als Speicherorgan. Schneidet man die Wurzel in diesem Bereich quer, so findet man tatsächlich große Zellen in
den Rindenschichten, die mit Stärkekörnern angefüllt sind.
    Während auch bei dieser Schmarotzerart die Mehrzahl der
Haustorien an den Seitenwurzeln höherer Ordnung zu finden
sind, kommen noch stark reduzierte Kontaktorgane an dicken
sproßbürtigen oder an den rübenähnlichen Hauptwurzeln vor.
Ihrem Aussehen nach werden sie als ›Warzenhaustorien‹ bezeichnet. Da bei Wurzelschmarotzern außer an den Wurzeln
an sämtlichen anderen Pflanzenteilen niemals Haustorien gebildet werden, ihre Ausbildung muß also dort irgendwie unter-
drückt werden, kann man das Vorkommen von Warzenhaustorien im Bereich des oberen Abschnittes der Hauptwurzel
als Übergangsform betrachten. Die Unterdrückung der Hau-
storienbildung gelingt in diesem Bereich nicht ganz, es entstehen stark reduzierte Kontaktorgane. Eine besondere Funktion

scheint derartigen bisher völlig unbekannten Organen vermutlich nicht zuzukommen.

Das Quirl-Läusekraut ist sehr weit verbreitet. Fundorte in Skandinavien oder Asien sind ebenso bekannt wie in den Pyrenäen, im Balkan oder in der Sierra Nevada. In Mitteleuropa findet man sie in Quellmooren, auf Magerrasen, ungedüngten Weiden oder sogar auf sickerfeuchten Geröllhalden der subalpinen und alpinen Höhenstufen.

47, 48 PEDICULARIS FOLIOSA L., Durchblättertes Läusekraut
Familie: Scrophulariaceae (Rachenblütler)
Ernährungsart: Halbschmarotzer, Wurzelparasit
Blütezeit: Juni–August

Wie bei zahlreichen anderen Wurzelschmarotzern werden auch für diese Art in der modernen Literatur oftmals bestimmte Pflanzen als Wirtspflanzen genannt (so z. B. Lysimachia nummularia, eine Pfennigkraut-Art), da sie meist in unmittelbarer Nähe der jeweiligen Schmarotzerpflanze gefunden wurden. In Wirklichkeit sind die Kontaktorgane – besonders bei Pedicularis-Arten – jedoch erst im terminalen Bereich der langen Wurzeln entwickelt, so daß die eigentlichen Wirte manchmal mehr als einen Meter entfernt vom Schmarotzer zu finden sind. Um also Begleitpflanzen am natürlichen Standort einer Schmarotzerpflanze sicher als Wirt identifizieren zu können, muß das Wurzelsystem des Parasiten freigelegt werden. Derartige Untersuchungen ergaben dann auch, daß alle mitteleuropäischen Schmarotzerpflanzen dieser Familie nicht wirtsspezifisch sind.

An einer Pflanze vom Durchblätterten Läusekraut können mehrere Blütentriebe gleichzeitig zur Ausbildung gelangen; diese erreichen eine Höhe von ungefähr einem halben Meter. Zwischen den zahlreichen gelblichen Blüten sind auffällig laubige längere Tragblätter entwickelt, die als charakteristisches

Merkmal dieser Pflanze auch den Namen gaben: der Blütenstand wirkt ›durchblättert‹. Auf diese Erscheinung beziehen sich ebenfalls die anderen im Volksmund gebräuchlichen Namen wie ›Gelbsterzel‹ oder ›Geißfarn‹.

Das Hauptverbreitungsgebiet von Pedicularis foliosa stellen die südwesteuropäischen Gebirge und besonders die Alpen dar. Die kalkliebenden Pflanzen kommen vornehmlich an halbschattigen Standorten in den Höhenstufen von 1000–2500 m vor. Niedrige Standorte in den Vogesen und einigen Mittelgebirgen (Rauhe Alb) werden als Folge der Eiszeit gewertet.

49   PEDICULARIS RECUTITA L., Beschnittenes,
      Gestutztes Läusekraut
      Familie: Scrophulariaceae (Rachenblütler)
      Ernährungsart: Halbschmarotzer, Wurzelparasit
      Blütezeit: Juni–August

Diese sehr hübsche Pedicularis-Art verdankt ihren Namen der früher rituellen Vorhautbeschneidung der Juden. Die Staubblätter (Antheren: männliche Geschlechtsorgane) ragen nämlich nach vollzogener Bestäubung aus der Blüte leicht heraus, so daß die Oberlippe zu kurz, also gestutzt erscheint.

Ähnlich wie bei Pedicularis foliosa erreichen die Blütensprossen eine Höhe von ca. 50 cm, zudem ähneln sich beide Schmarotzerarten im Habitus, wenn man von den stärker betont laubblattähnlichen Deckblättern bei Pedicularis foliosa absieht. Aus diesem Grunde mag es wohl verständlich sein, daß beide Schmarotzer häufiger miteinander verwechselt werden. An schattigen Standorten ist die Blütenfarbe manchmal gelblichgrün, normalerweise sind die Blüten jedoch purpurrot gefärbt, so daß regional auch der Volksname ›Purpur- oder Braunrotes Läusekraut‹ gebräuchlich ist.

Auch beim Beschnittenen Läusekraut wurden Untersuchungen zum Parasitismus durchgeführt. Die Ergebnisse zeigten, daß alle Wirtspflanzen nicht wesentlich vom Schmarotzer ge schädigt werden, denn nach dem Absterben der Kontaktorgane verholzt die Wundstelle an der Wurzel des Wirtes, so daß ihre Funktion nicht beeinträchtigt wird.

An feuchten Stellen des gesamten Alpengebietes tritt Pedicularis recutita zwischen 1200 und 2600 m recht häufig auf. Diese Schmarotzerart gilt daher als typischer Vertreter subalpiner Quellfluren, der besonders an Bächen zwischen Weiden und Erlen (das sind auch die wichtigsten Wirte) vorkommt.

50 PEDICULARIS TUBEROSA L., Knollen-Läusekraut
  Familie: Scrophulariaceae (Rachenblütler)
  Ernährungsart: Halbschmarotzer, Wurzelparasit
  Blütezeit: (Juli) August (September)

Die ca. 25 cm hohen Pflanzen verdanken ihren Artnamen dem Wurzelwerk, denn einige Wurzeln sind knollenförmig angeschwollen. Diese leicht verdickten Wurzelabschnitte haben wahrscheinlich Speicherfunktion – im Gegensatz zu den 0,5 – 1 mm kleinen, unauffällig gestalteten Kontaktorganen, die sehr oft Wurzeln von Rhododendron attackieren. Im allgemeinen ist jedoch auch das Knollen-Läusekraut nicht auf bestimmte Wirtspflanzen spezialisiert, also nicht wirtsspezifisch.

Die ca. 1,5 cm breiten Laubblätter sind gestielt und können bis 10 cm lang werden. Die 2 cm lange Blumenkrone ist meist blaßgelb, manchmal können jedoch auch Farbvariationen von weiß bis rosa vorkommen.

Das Knollen-Läusekraut besiedelt vorwiegend trockene Standorte der alpinen und subalpinen Regionen. Besonders häufig ist es in den Alpen auf Steinrasen und Geröllhalden (meist oberhalb der Baumgrenze) anzutreffen.

51, 52 PEDICULARIS ROSTRATO-CAPITATA Cr.,
Geschnäbeltes, Kopfiges Läusekraut
Familie: Scrophulariaceae (Rachenblütler)
Ernährungsart: Halbschmarotzer, Wurzelparasit
Blütezeit: Juli-August

Das Geschnäbelte Läusekraut unterscheidet sich besonders deutlich von den anderen mitteleuropäischen Läusekräutern durch seine sichelförmig gekrümmte Oberlippe der Blüte, die mit ihrer Spitze die auffällig breite, leicht behaarte Unterlippe berührt. Die Blüten sind in der Regel dunkelrot gefärbt – manchmal kommen aber auch Albinos und Pflanzen mit blaßrosa Blüten vor. Je nach Höhenlage des Standortes kann diese recht hübsch aussehende Schmarotzerpflanze von unterschiedlichem Wuchs sein. So wurden Pflanzen in ca. 1200 m Höhe gefunden, die bis zu 35 cm hoch waren, während manche Populationen in größeren Höhenlagen (ca. 2500 m) nur eine Höhe von maximal 10 cm erreichen.

Ähnlich wie bei einigen bereits beschriebenen Pedicularis-Arten sind auch hier die Laubblätter farnartig gestaltet und dicht am Boden rosettenartig angeordnet. Ältere Pflanzen bilden zahlreiche Bereicherungstriebe aus, wobei die untere Hälfte des Sprosses dem Erdboden anliegt, die obere aufsteigt.

An den kräftigen Seitenwurzeln werden nur wenige Kontaktorgane ausgebildet, und auch an den Seitenwurzeln höherer Ordnung kommen sie oft nur recht spärlich vor. Es wurde sogar einmal eine Pflanze gefunden, an deren Wurzeln überhaupt keine Haustorien vorhanden waren, der ›Parasit‹ somit nicht parasitisch lebte, obwohl genügend Begleitpflanzen in unmittelbarer Nähe wuchsen. Derartige Ausnahmen dürfen nicht überbewertet werden, wenngleich diese Schmarotzerart nicht besonders abhängig von Wirtspflanzen zu sein scheint.

Das kalkliebende Geschnäbelte Läusekraut kommt besonders in alpinen Regionen auf Matten vor; oftmals können die Pflanzen aber auch in subalpine Höhenlagen heruntergeschwemmt und dort ansässig werden.

53, 54 BARTSIA ALPINA L., Gemeiner Alpenhelm
     Familie: Scrophulariaceae (Rachenblütler)
     Ernährungsart: Halbschmarotzer, Wurzelparasit
     Blütezeit: Juli–August

Die Gattung Alpenhelm ist bei uns in Mitteleuropa mit nur
einer einzigen Art vertreten, obwohl es insgesamt wohl noch
mehr als drei Dutzend Arten gibt, die hauptsächlich in Afrika
sowie Nord- und Südamerika vorkommen. Nicht zuletzt wegen dieses sehr zerstreuten Verbreitungsgebietes ist über diese
interessante Gattung nur wenig bekannt. Bartsia alpina, die
regional auch Bartschie, Braunhelm, Violetter Klapper oder
Zahntrost (vgl. hier die Gattung Odontites) genannt wird,
gehört zudem zu den relativ unauffälligen Pflanzen der alpinen
Flora. Die nur ca. 15 – 20 cm hohen Pflanzen sind anfangs
dunkelgrün bis türkis gefärbt, später werden sie, besonders
im Bereich des Blütenstandes, zunehmend blau- bis braunvio-
lett. Diese Färbung finden wir ebenfalls bei den Laub-, Deck-
und Blütenblättern. Alle Pflanzen sind dicht behaart, allerdings
sind die älteren Pflanzen wesentlich flaumiger behaart als jüngere. Je nach Standort können die Pflanzen von unterschiedlichem Wuchs sein. So sind die Pflanzen feuchter oder sogar
mooriger Gebiete größer (bis 20 cm hoch) und der Blütenstand
aufgelockert, Pflanzen auf festen trockenen Standorten besitzen hingegen einen dichteren Blütenstand und sind des öfteren
von gedrungenem Wuchs (10 – 15 cm). Auch in Bezug auf
den Parasitismus ist die Gattung Bartsia weitgehend unbekannt. Von den meisten Arten ist sogar bis heute nicht sicher,
ob es sich um Schmarotzerpflanzen handelt oder nicht. Beim
Gemeinen Alpenhelm hingegen weiß man längst, daß dieser
Wurzelschmarotzer wie die meisten anderen mitteleuropäischen Schmarotzerpflanzen nicht wirtsspezifisch ist, sondern
alle in der Nähe sich befindenden Wurzeln angreift. Diese
›Angriffslust‹ geht sogar so weit, daß sich die Wurzeln ein-
und derselben Pflanze selbst angreifen. Dieses Phänomen, das
als Selbstparasitismus bezeichnet wird, findet man bei den

Wurzelschmarotzern häufiger. Ein Zeichen dafür, daß die Schmarotzerpflanzen nicht in der Lage sind, die eigenen Wurzeln von anderen zu unterscheiden.

Das Verbreitungsgebiet von Bartsia alpina ist in Mitteleuropa nicht nur – wie man vom Namen her meinen könnte – auf die Alpen beschränkt. Vielmehr gibt es auch einige Standorte im Schwarzwald und in den Vogesen. Die Hauptvorkommen dieser nicht seltenen Pflanzenart liegen aber dennoch in den Alpenländern.

55, 56 ODONTITES RUBRA (Baumg.) Opiz, Roter Zahntrost
Familie: Scrophulariaceae (Rachenblütler)
Ernährungsart: Halbschmarotzer, Wurzelparasit
Blütezeit: Mai–September

Der Name verrät, daß man früher aus den Kräutern dieser Gattung ein Extrakt zur Verwendung gegen Zahnschmerzen hergestellt hat. Andere, meist weniger gebräuchliche Namen wie Klei- oder Schafsheide beziehen sich vermutlich mehr auf den Standort.

Im mitteleuropäischen Raum kommen drei Odontites-Arten vor, die sich recht gut voneinander unterscheiden. *Odontites viscosa* (L.) CLAIRV., der klebrige Zahntrost, *Odontites lutea* (L.) CLAIRV., der Gelbe Zahntrost, und Odontites rubra. Wegen der Formenmannigfaltigkeit des Roten Zahntrostes haben einige Systematiker diese Art in zahlreiche Unterarten aufgespalten, andere Wissenschaftler sehen hingegen aufgrund typischer Merkmale diese Unterarten als eigene Arten an. So gibt es zum Beispiel im norddeutschen Raum Odontites- Pflanzen, die sich durch einige Merkmale von den anderen auszeichnen und bereits im Mai blühen. Je nach Lehr- oder Bestimmungsbuch werden die Pflanzen einmal als Odontites rubra ssp. litoralis (Fries) Hartl, zum anderen als Odontites litoralis (Hartl) Schneider bezeichnet. Wir wollen uns hier nur auf den allgemeinen Namen Odontites rubra beziehen, denn für den Pflanzenfreund sind die nur geringen Unterschiede bei den meisten Formen des Roten Zahntrostes üblicherweise von wenig Interesse. Dem ausgesprochenen Fachmann sei ergänzt, daß es sich bei der Bildbeschreibung um die Subspezies (Unterart = ssp) rubra handelt. Die Pflanze wird ca. 30 cm groß. Der Hauptsproß ist, wie die zahlreichen Seitensprosse (Bereicherungstriebe), kurz behaart. Die ca. 1 cm langen Blüten sind anfangs oftmals purpurrot, werden jedoch bald blaßrot. Die Pflanzen erscheinen meist schmutzig graugrün überlaufen, an sehr sonnigen Standorten können sie auch rötlich gefärbt sein. Bastardierungen mit dem Gelben Zahntrost können manchmal gefunden werden. In manchem Gebieten kann Odontites ein willkommener Wirt von Cuscuta- Arten sein (siehe auch dort).

Das Wurzelsystem aller Odontites-Pflanzen ist nur spärlich entwickelt; dennoch können zahlreiche (mehr als hundert!) kleine Kontaktorgane Wirtswurzeln anzapfen.

Der Rote Zahntrost ist überall in Europa weit verbreitet. An Kalkhängen oder lehmigen Wegrändern ist er ebenso anzutreffen wie am Geesthang, auf Schuttplätzen oder in Sümpfen.

57, 58 EUPHRASIA ROSTKOVIANA Hayne,
Großer Augentrost
Familie: Scrophulariaceae (Rachenblütler)
Ernährungsart: Halbschmarotzer, Wurzelparasit
Blütezeit: Mai–Oktober

Die Gattung Euphrasia ist eng verwandt mit der Gattung Odontites. Auch diese Pflanzen wurden früher als Heilpflanzen verwendet, und zwar vorzugsweise bei Augenleiden (Name!). Noch schwieriger als bei den Gattungen Pedicularis oder Odontites ist für den Systematiker die Auseinandersetzung mit den Augentrost-Arten, da so gut wie keine Pflanze die für ihre Art typischen Merkmale allein aufweist. Meistens kommen andere Merkmale von anderen Arten hinzu, so daß man meinen könnte, jede Pflanze stellt ›eine eigene Art‹ dar. Aus diesem Grund fällt es auch dem Fachmann auf diesem Gebiet oftmals schwer, Euphrasia am natürlichen Standort richtig anzusprechen. Kein Wunder also, daß in der Vergangenheit von namhaften Wissenschaftlern aufgrund der Formenmannigfaltigkeit in dieser Gattung eine Artensintflut allein im mitteleuropäischen Raum geschaffen wurde. Die andere Meinung, daß es im ganzen europäischen Raum nur zwei oder drei Euphrasia-Arten gibt, hat sich jedoch ebenso wenig durchsetzen können. Beide Versuche führten schließlich dazu, daß man lieber die Hände von diesem Wirrwarr ließ, was natürlich auf Kosten des ›besseren Kennenlernens‹ ging. Um dieses Problem nun doch noch in den Griff zu bekommen, geht man heute in größerem Maße dazu über, die jeweiligen Arten weiter aufzuschlüsseln. Im bestimmungsschlüssel kommt dann nach einer Art die Unterart, die sich wiederum aus mehreren Formen oder Varietäten zusammensetzt. Da sich zudem aber auch noch die Varietäten überlappen können, müssen ›Untervarietäten‹ geschaffen werden usw. Derartige Systeme führen also wieder zu einem Durcheinander, mit dem man nur wenig anfangen kann. Wir wollen aus diesem Grunde hier nur von Formenkreisen sprechen. Im folgenden soll daher nur allgemein von der Euphrasia rostkoviana-Gruppe gesprochen werden.

Die 5 – 40 cm hohen Pflanzen sind meist reich verzweigt und drüsig behaart. Die in der Regel grünen (blaßgrünen bis blaugrünen) Laubblätter sind eiförmig und spitz eingekerbt, wobei die einzelnen Spitzen etwas verlängert sein können, oftmals aber auch leicht abgerundet bzw. stumpf sind. Alle Pflanzen sind einjährig und ihre Wurzelsysteme sind mit denen von Odontites zum Verwechseln ähnlich. Dasselbe gilt für die sehr kleinen Kontaktorgane, die manchmal nicht größer als 0,1 mm werden. Sie unterscheiden sich nicht von den Kontaktorganen anderer Euphrasia-Arten.

EUPHRASIA STRICTA Wolff ex Lehm,
Steifer Augentrost
Familie: Scrophulariaceae (Rachenblütler)
Ernährungsart: Halbschmarotzer, Wurzelparasit
Blütezeit: Mai–Oktober

Die auffälligsten Unterscheidungsmerkmale zwischen dem
Großen und dem Straffen Augentrost stellen die etwas kleineren und schmaleren Blüten sowie die meist länger begrann-
ten Blattspitzen von Euphrasia stricta dar. Zudem sind die
ungefähr 20 cm hohen Pflanzen vom Straffen Augentrost oftmals rötlich überlaufen.

Sowohl das Wurzelsystem als auch die Kontaktorgane unterscheiden sich nicht von denen anderer Euphrasia-Arten. Die
äußerst kleinen Haustorien der Euphrasia-Arten gehören zu
den am einfachsten konstruierten aller Schmarotzerpflanzen
überhaupt. Nur wenige Rindenzellen dringen in die Wirtswurzel, und die normalerweise übliche Differenzierung solcher intrusiven Zellen zu Leitbahnen (Weiterleitung der von der
Wirtswurzel entnommenen Nährstoffe in die eigene Wurzel)
geschieht in nur ganz geringem Maße. Vielleicht hängt diese
Erscheinung damit zusammen, daß der Augentrost nur gering-
fügig von Wirtspflanzen abhängig ist.

Neben dem Großen und dem Straffen Augentrost ist in den
Alpen noch der Kleine Augentrost (Euphrasia minima Jacq.
ex Lam.) heimisch und erwähnenswert. Auch diese in der Regel
höchstens 10 cm hohen Pflanzen variieren sehr stark; so kann
beispielsweise die Grundfarbe der Blüten weiß, lila, purpur
oder reingelb sein. Bei der Untersuchung des Wurzelsystems
einer Unterart vom Kleinen Augentrost konnte des öfteren
beobachtet werden, daß die Pflanzen zwar einige kleine Kontaktorgane ausgebildet hatten, diese jedoch keine Wirtswurzeln
attackierten. Die Pflanzen lebten also – zumindest zu diesem
Zeitpunkt – nicht parasitisch.

Der Steife Augentrost ist ebenfalls einjährig. Die äußerst
anspruchslosen Pflanzen sind überall in Europa verbreitet.

Erstaunlich ist, daß der Straffe Augentrost als (wenn auch genügsamer) Parasit zu den Pflanzen gehört, die stark gestörten Standorte wie Fahrwege, Bauland, Kiesgruben oder Ufer von Bergbächen sofort besiedeln. Die Qualität des Erdreiches scheint keine wesentliche Rolle zu spielen, denn die Standorte können sowohl lehmig, kalkig, humos oder torfig sein, basisch oder sauer; feucht oder trocken.

60   RHINANTHUS ALECTOROLOPHUS (Scop.) Poll.,
      Zottiger, Haariger, Rauher Klappertopf
      Familie: Scrophulariaceae (Rachenblütler)
      Ernährungsart: Halbschmarotzer, Wurzelparasit
      Blütezeit: Mai–August

›Was hat der Klappertopf in seinem hohlen Kropf? Auch wieder Klappertöpfe, Ihr Plapperköpfe!‹ Diese alte Redensart basiert auf einer Erscheinung, die jeder Spaziergänger, der im Spätsommer schon einmal durch nicht gemähte Wiesen gewandert ist, bestätigen kann. Jeder Schritt wird nämlich von einem lauten Geklapper begleitet. Es sind die inzwischen halbvertrockneten Pflanzen des Klappertopfes, die bei Berührung derartige Geräusche von sich geben, wenn nämlich die Samen gegen die trockene Kelchwand schlagen.

Während das Wort ›alectorolophus‹ aus dem Griechischen kommt und ›Hahnenkamm‹ bedeutet (die Hochblätter der Pflanze sind auffällig, zum Teil verlängert gezackt) weisen die deutschen Namen Zottiger- und Rauher K. auf die Behaarung der Pflanze hin. Sowohl Sproß als auch Laubblätter und Kelch sind stark behaart. Am manchmal leicht aufgelockerten Blütenstand können bis zu 15 Blüten ausgebildet sein, die ca. 1–2 cm lang sind. Die Blütenfarbe ist stets gelb; aus der Oberlippe ragen zwei rötliche, bläuliche oder weiße Zähnchen.

Das Wurzelsystem dieser einjährigen Pflanzen ähnelt denen von Odontites oder Euphrasia und erreicht – in Relation zur Pflanzenhöhe – die gleichen Ausmaße. Demgemäß sind neben der recht kurzen aber kräftigen, mehr oder weniger stark gekrümmten Hauptwurzel auch die obersten Seitenwurzeln mächtig entwickelt, und auch die Kontaktorgane dieser ebenfalls nicht wirtsspezifischen Schmarotzerpflanze sind stets größer (ca. 0,5 – 1 mm im Durchmesser) als die von Odontites oder Euphrasia.

Der Zottige Klappertopf ist im südlicheren Teil Mitteleuropas weit verbreitet. Während das Areal im Süden auf der Höhe von Neapel endet, liegen bereits im Harz die nördlichsten Standorte. Die westlichen und östlichen Verbreitungsgrenzen liegen in Frankreich und Ungarn. Die recht anspruchslosen Pflanzen kommen auf Wiesen, Trockenrasen oder an Feldrändern und Straßengräben vor, und zwar sowohl im Bergland als auch in der Tiefebene.

61, 62 RHINANTHUS MINOR L., Kleiner Klappertopf
Familie: Scrophulariaceae (Rachenblütler)
Ernährungsart: Halbschmarotzer, Wurzelparasit
Blütezeit: April–September

Bereits bei dem Augentrost wurde auf die Schwierigkeiten hingewiesen, die sich bei der Bestimmung von Pflanzen dieser Gattung ergeben. Ähnliches trifft auch für die Gattung Rhinanthus zu. Die zahlreichen Unterarten und unterschiedlichsten Formen sowie Bastardierungen mit anderen Rhinanthus-Arten erschweren hier ebenso die Bestimmung. Nicht zuletzt liegt das auch an dem sogenannten ›Saisondimorphismus‹, dem besonders die Pflanzen dieser Gruppe unterliegen: Pflanzen ein und derselben Art unterscheiden sich habituell im Frühsommer von denen des Spätsommers. Besonders hervorgerufen wird dieses Phänomen durch die Mahd, Tierfraß und dergleichen.

Von anderen Klappertopf-Arten zeichnet sich der Kleine Klappertopf besonders durch die Zähnchen der Oberlippe aus. Diese sind nämlich sehr klein und nicht so lang wie breit. Die Tragblätter der Blüten sind meist nur sehr kurz gezähnt.

Der Blütenstand kann ein- bis zwanzigblütig (!) sein, die Farbe der Blüten schwankt zwischen hell- und dunkelgelb.

Während an einigen Standorten regelmäßig Variationen vorkommen, die nicht höher als 15–20 cm werden, können an anderen Standorten Formen auftreten, die eine Höhe von nicht selten einem halben Meter erreichen. Auch die Farbvariationen der Pflanzen sind recht groß; sie reichen von gelblich-grün bis zum dunklen Purpur. Die Blätter können einerseits schmal und annähernd lanzettlich geformt sein, andererseits kommen bei anderen Pflanzen breit eiförmige Laubblätter vor. Bei vielen Pflanzen öffnen sich auch die Blüten der Bereicherungstriebe, bei anderen kommt es dort nicht zur Blütenausbildung. Das Wurzelsystem gleicht denen anderer Rhinanthus-Arten; die Haustorien hingegen sind meist von einer recht typischen Form. Vergleicht man Haustorien annähernd gleichen Alters der verschiedenen Scrophulariaceae-, respektive Rhinanthus-Arten miteinander, so können manchmal recht arttypische Formen (vgl. Abb. 7 zur Einleitung) auftreten, ja manchmal unterscheiden sich die Kontaktorgane sogar recht charakteristisch von Unterart zu Unterart. In einigen Fällen könnte sogar der Systematiker die Gestalt der Haustorien als weiteres Unterscheidungsmerkmal heranziehen.

Der Kleine Klappertopf besitzt von allen Rhinanthus-Arten das größte Verbreitungsgebiet und dürfte wohl überall in Mitteleuropa verbreitet sein. Sowohl im Berg- als auch im Flachland ist er meist anspruchslos auf allen Bodentypen heimisch.

63, 64 RHINANTHUS ARISTATUS Cel.,

Grannen-Klappertopf
Familie: Scorphulariaceae (Rachenblütler)
Ernährungsart: Halbschmarotzer, Wurzelparasit
Blütezeit: Juni–September

Sämtliche Formen dieser Klappertopf-Art zeichnen sich dadurch aus, daß die Tragblätter des Blütenstandes lang begrannt

(Name!) bzw. auffällig gezähnt sind. Besonders die basalen Zähne der Blütentragblätter sind mindestens halb so lang wie das ganze Blatt überhaupt, oftmals sind sie sogar noch länger. Die Laubblätter am Hauptsproß bzw. an den Bereicherungstrieben hingegen sind meist nicht wesentlich länger gezähnt als beim Kleinen oder Zottigen Klappertopf. Die besonders kurz gestielten Blüten des Grannen-Klappertopfes sind je nach Standort, Unterart oder Form blaß- bis dunkelgelb, und an der Oberlippe sind relativ lange bläulich oder violett gefärbte Zähnchen sichtbar.

Wie bei einigen anderen Pflanzen-Arten in dieser Familie (besonders bei Melampyrum) herrscht auch hier ›Myrmekochorie‹, d. h. die Samen dieser Pflanzen werden mit Hilfe von Ameisen verbreitet. Da die Ameisen derartige Hilfeleistungen zur Verbreitung der Pflanzen-Art natürlich nicht ›unentgeltlich‹ verrichten, wird der ›Lohn gleich in bar‹ ausgehändigt. In der Regel handelt es sich um ein ›Elaiosom‹, ein schmackhaftes Anhängsel am Samen; manchmal ist es aber auch nur die den Samen umgebende Fruchtwand, die besonders reich an Nährstoffen die Ameisen anlockt. Eine elegante Methode der Pflanze, die sich zur Erhaltung ihrer Art der eifrigen Sammelleidenschaft von Ameisen bedient.

Auch der Begrannte Klappertopf zeigt mit seinen zahlreichen Formen äußerst große Variabilität, so daß taxonomisch dieser Formenkreis schwer abzugrenzen ist. Hinzu kommen Bastardierungen, standortbedingte Merkmale usw. Das Hauptverbreitungsgebiet liegt in den Alpen, wenn auch in europäischen Mittelgebirgen einige Unterarten vorkommen.

Rhinanthus aristatus gehört vielfach zu den ›Zeigerpflanzen‹ trockener und armer Standorte; solchen Pflanzen also, die allein aufgrund ihres Vorkommens an trockenen nährstoffarmen Standorten eben gerade auf diese Nährstoffarmut hinweisen. Gleichermaßen ist der Grannen-Klappertopf ein ›Erstbesiedler‹: er gehört nämlich zu den ersten Pflanzen, die sich an Geröllhalden, Steinbrüchen oder in der Nähe von Bergbächen ansiedeln. Das ist deshalb besonders erwähnenswert, da es sich ja auch hier um einen Ernährungsspezialisten handelt, der auf das Vorhandensein anderer Pflanzen angewiesen ist.

65   RINANTHUS GRANDIFLORUS (Wallr.) Soo,
      Großer-, Großblütiger Klappertopf
      Familie: Scrophulariaceae (Rachenblütler)
      Ernährungsart: Halbschmarotzer, Wurzelparasit
      Blütezeit: Mai–September

Aufgrund des weiten Verbreitungsgebietes und eines meist zahlreichen Vorkommens am Standort besitzt die Gattung eine Fülle von Volksnamen, die wegen der Ähnlichkeiten mit anderen Rhinanthus-Arten nicht artgebunden sind. Sie gelten somit für Rhinanthus grandiflorus ebenso wie für Rh. minor, Rh. aristatus o.a. Die meisten volkstümlichen Namen beziehen sich wohl auf das unüberhörbare Geklapper der Samen in den Kelchen: Rasselkraut, Klapperkraut, Schlotter, Klöterdose, Klingeltopf u.v.a. Da die Samen ihrem Aussehen nach an Münzen erinnern, sind auch Namen wie Judastaler, Groschenkraut oder etwa Pfennigblume nicht verwunderlich. Allem Anschein nach sind aufgrund dieser Pflanzen sogar Landschaftsstriche benannt worden, wie z.B. der Klingelbeutelskopf im Harz; ein hochebenähnlicher Rücken, auf dessen Wiesen unzählige Rhinanthus-Pflanzen vorkommen. Grasfresser, Totsauger oder Wolfsmagen sind Namen, die sich auf die parasitische Lebensart der Pflanzen beziehen. So gefährlich einige Namen klingen mögen: Rhinanthus grandiflorus z.B. gehört wie die anderen parasitischen Scrophulariaceen Mitteleuropas zu den harmlosen Schmarotzerpflanzen. Die Untersuchungen an den unterirdischen Pflanzenteilen zeigten auch hier, daß die Schmarotzerwurzeln kaum in der Lage sind, ihre Wirte in größerem Maße zu schädigen. Es kann zwar hin und wieder beobachtet werden, daß an Standorten von Rhinanthus andere Pflanzen kümmern oder sogar stark verdrängt werden – dies liegt aber nicht an der parasitischen Lebensweise vom Klappertopf, sondern allein an dem Massenauftreten der Schmarotzerart. Es handelt sich also um einen Standortkampf, wie er auch bei anderen nichtparasitischen Pflanzen bei Massenvorkommen beobachtet werden kann.

Während der Kelch bei fast allen Rhinanthus-Arten zumindest leicht behaart ist, zeichnet sich der Großblütige Klappertopf dadurch aus, daß der Kelch stets unbehaart ist. Außerdem sind die Zähnchen der Laubblätter leicht zur Blattspitze hin gebogen. Die Blüten können bis zu 2,5 cm lang werden und sind gelb, die beiden Zähnchen an der abgeflachten Oberlippe sind blau-violett. Rhinanthus grandiflorus gehört zu den recht stattlichen Klappertopf-Arten, die eine Höhe von über einem Meter erreichen können. Ihre ungefähr 5 cm langen Laubblätter sind gekerbt, weniger gezähnt.

Rhinanthus grandiflorus zeigt eine ähnlich weite Verbreitung wie Rhinanthus minor. Da er jedoch von einigen Ausnahmen abgesehen feuchte Standorte (Wiesen, Sümpfe, Moore) bevorzugt, ist sein Verbreitungsgebiet weniger zusammenhängend als beim Kleinen Klappertopf

66, 67 MELAMPHYRUM PRATENSE L., Wiesen-,
Gewähnlicher Wachtelweisen
Familie: Scrophulariaceae (Rachenblütler)
Ernährungsart: Halbschmarotzer, Wurzelparasit
Blütezeit: April–Oktober

Mittlerweile wurde schon des öfteren auf die große Formenmannigfaltigkeit innerhalb verschiedener Scrophulariaceen-Gattungen und -Arten hingewiesen. Wen wundert es dann noch, daß ähnliche Verhältnisse auch beim Gewöhnlichen Wachtelweizen herrschen. Allein im mitteleuropäischen Raum gibt es eine derartige Fülle von Unterarten und Formen, daß die genaue Bestimmung einer am Standort gefundenen Pflanze eine Wissenschaft für sich ist. Ob also in Zukunft Berufe wie etwa ›Melampyrologie‹ oder ›Euphrasiologie‹ ihre Berechtigung haben würden, mag dahingestellt sein. Wir wollen uns, wie bei Euphrasia oder Rhinanthus im folgenden auch bei Melampyrum nur den für den ›Normalverbraucher‹ gut unterscheidbaren Formenkreisen zuwenden, wobei wir uns bei der Art Melampyrum pratense allerdings im klaren sein sollten, daß es sich um einen sehr großen Formenkreis handelt. Aufgrund dieser Tatsache ist eine Beschreibung der ›üblichen‹ Melampyrum-pratense-Pflanze natürlich nicht leicht. Auf der anderen Seite ist aber die Gefahr der Verwechselung mit den anderen heimischen Arten (Formenkreisen) nicht allzu groß, wenn man die jeweiligen ›formenkreisspezifischen‹ Merkmale beachtet. Eigentlich besteht nur eine Möglichkeit der Verwechselung von Melampyrum pratense mit anderen Arten, nämlich mit Melampyrum silvaticum (siehe auch dort), wobei hier jedoch ein recht gutes Unterscheidungsmerkmal vorhanden ist. Bei Melampyrum pratense liegt die Oberlippe und die Unterlippe der Blüte annähernd aufeinander, so daß die Blüten fast geschlossen erscheinen – bei Melampyrum silvaticum ist die Blüte weit geöffnet, so daß man tief in den Schlund hineinsehen kann. Das Auseinanderhalten beider Arten wird erleichtert wenn man weiß, daß Melampyrum silvaticum meist kleinere dottergelbe Blüten besitzt (seltener bei M. pratense) und vorwiegend in den Alpen verbreitet ist (seltener in manchen Mittelgebirgen).

Die Größenangaben des Gewöhnlichen Wachtelweizens variieren wie fast alle anderen Merkmale wegen der Formenmannigfaltigkeit sehr stark. So können die Pflanzen 5 oder 50 cm hoch sein, die Laubblätter 1 oder 10 cm lang und 0,2 oder 2 cm breit sein. Manchmal sind einige Pflanzen hell- oder dunkelgrün und dicht beblättert, andere hingegen besitzen nur wenige Blätter, die purpur bis braun gefärbt sein können. Die Blütentragblätter sind meist am Grunde verbreitert und unterschiedlich lang gezähnt (allerdings bei weitem nicht so lang und dicht gezähnt wie bei M. cristatum L.). Die Tragblätter anderer ›Pratense-Formen‹ sind am Grunde schmal und glatt. Die meist locker stehenden Blüten sind in der Regel zweifarbig (weiß und gelb), können aber auch rosarot oder purpur überlaufen sein. Pflanzen mit gold- oder dottergelben Blüten sind seltener. Das Wurzelsystem dieser einjährigen Pflanzen ist bei allen Melampyrum-Arten gleich. Die kurze kräftige Hauptwurzel ist meist etwas gekrümmt.

Neben den Kontaktorganen der Euphrasia- und Odontites-Arten gehören auch die von Melampyrum zu den einfacher konstruierten in dieser Schmarotzer-Familie. Durch den Standort bedingt parasitieren einige Formen von Melampyrum pratense regelmäßig auf bestimmten Wirtspflanzen (etwa Eichen oder Buchen) – generell sind jedoch auch diese Pflanzen nicht wirtsspezifisch. Da manchmal an den Kontaktorganen keine Wirtswurzeln, sondern abgestorbene Wurzelreste, Tannennadeln oder andere Humusteilchen gefunden werden, nehmen einige Wissenschaftler an, daß diese Pflanzen auch saprophytisch leben. Selbst nach der herkömmlichen, weitgehend ungenauen Definition von Saprophytismus (organische Nährstoffe können von saprophytisch lebenden Pflanzen mit Hilfe der Wurzel aus dem Erdreich aufgenommen werden) ist diese Folgerung nicht ohne weiteres zulässig, denn auch an ›normalen Wurzeln von normalen Pflanzen‹ befinden sich oftmals ›Leichenteile‹ des Erdreiches, ohne daß diese Pflanzen nun gleich Ernährungsspezialisten sind (siehe auch Einleitung!).

Melampyrum pratense gehört zu den Pflanzen, die ihren lateinischen Namen völlig zu Unrecht bekommen haben (prata = Wiese), denn auf Wiesen ist diese Pflanze normalerweise nicht anzutreffen. In Wäldern und an Waldwegen, in Mooren, Sümpfen und auf Trockenrasen ist sie ebenso verbreitet wie an Bachufern, Geröllhalden oder Almen der alpinen und subalpinen Regionen.

Von allen anderen Wachtelweizen-Arten ist Melampyrum pratense in Europa am häufigsten und am weitesten verbreitet.

68, 69 MELAMPYRUM SILVATICUM L., Wald-, Fichten-Wachtelweizen

Familie: Scrophulariaceae (Rachenblütler)
Ernährungsart: Halbschmarotzer, Wurzelparasit
Blütezeit: Juni–September

Während der Wiesen-Wachtelweizen nicht auf Wiesen, sondern im Wald vorkommt, führt auch hier der Name Wald-Wachtelweizen in der Regel zu Mißverständnissen, denn lediglich die Verbreitungsgebiete von Melampyrum silvaticum und Picea abies L. (Fichte) sind annähernd identisch. Obwohl diese Schmarotzerart nicht unbedingt nur in Fichtenwäldern vorkommt, ist der Name Fichten-Wachtelweizen dennoch wesentlich besser gewählt.

Melampyrum silvaticum ist vom Habitus her leicht mit zahlreichen Formen von Melampyrum pratense zu verwechseln. Auf die Unterscheidungsmerkmale beider Formengruppen wurde bereits hingewiesen (siehe Melampyrum pratense).

Der Fichten-Wachtelweizen erreicht eine Höhe von ungefähr 10–30 cm. Abgesehen von der hier typisch ›geöffneten‹ Blüte treffen die meisten Merkmale auch für den Gewöhnlichen Wachtelweizen zu. Auf die nochmalige Beschreibung soll daher hier verzichtet werden. Auch das Wurzelsystem dieser einjährigen Pflanze weist keine Unterschiede auf. Die Hauptwurzel ist oft gekrümmt und ziemlich kurz, dafür werden zahlreiche Seitenwurzeln ausgebildet. Besonders bei Massenauftreten ist Selbstparasitismus weit verbreitet, bevorzugte Wirtspflanzen scheinen jedoch Fichten und Heidelbeersträucher zu sein.

Der Fichten-Wachtelweizen kommt im Harz, im Bayerischen Wald, in den Vogesen und in anderen Mittelgebirgen Europas vor. Während die Pflanzen fast überall in Skandinavien heimisch sind, stellen die Alpen in Mitteleuropa das Hauptverbreitungsgebiet dar. Truppweise werden halbschattige Waldränder oder ältere strauchig bis halbstrauchig bewachsene Geröllhalden besiedelt, aber auch oberhalb der Waldgrenze (bis über 2200 m) können die Pflanzen noch vorkommen.

70　MELAMPYRUM CRISTATUM L., Kamm-Wachtel-
weizen
Familie: Scrophulariaceae (Rachenblütler)
Ernährungsart: Halbschmarotzer, Wurzelparasit
Blütezeit: Mai–August

Der Kamm-Wachtelweizen erhielt seinen Namen wegen der
auffällig gestalteten Blütentragblätter. Diese sind nämlich am
Blattgrund sehr breit und derartig stark gezähnt, daß sie an
einen Hahnenkamm erinnern. Während die terminalen Tragblätter vorwiegend nur aus dem erweiterten Grund bestehen,
sind die laubigen basalen des ziemlich dichten Blütenstandes
mit langer Spitze versehen. Je weiter man nun am ca. 20–
30 cm langen Hauptsproß und an den Bereicherungstrieben
die Laubblätter nach unten hin verfolgt, um so kleiner und
unscheinbarer wird der ›Hahnenkamm‹. An den unteren lanzettlichen Laubblättern ist der Blattgrund schließlich nicht
mehr erweitert und ebenso wie die Spreite glatt und nicht
mehr gezähnt. Vermutlich standortbedingt können neben normal grünen Pflanzen auch rötlich bis purpur gefärbte vorkommen. Die recht attraktiven Blüten sind gelb, wobei die Unterlippe in der Regel dunkelgelb, der mittlere Bereich der Blütenröhre rot gefärbt ist. Sowohl reine Albinos (mit völlig weißen
Blüten) als auch Pflanzen mit weißen Blüten (und gelbem
Schlund) und gelblich weißen Tragblättern können manchmal
gefunden werden.

Das Wurzelsystem dieser einjährigen Schmarotzerpflanze be-
steht aus einer kurzen aber kräftigen, meist gekrümmten
Hauptwurzel und einigen Seitenwurzeln (höchstens bis dritter
Ordnung).

Je nach Pflanzenreichtum des Standortes können an den
Wurzeln mehr oder weniger (bis zu 100) Kontaktorgane entwickelt sein. Wie zahlreiche andere Scrophulariaceen-Vertreter
verfärben sich auch die Pflanzen von Melampyrum cristatum
durch den hohen Gehalt von Aucubin beim Herbarisieren (also
Trocknen) schwarz.

Der Kamm-Wachtelweizen ist europäisch-kontinental verbreitet. Er kommt vorwiegend auf trockenen lehmigen, tonigen oder kalkhaltigen Standorten vor.

71   MELAMPYRUM ARVENSE L., Acker-Wachtelweizen
      Familie: Scrophulariaceae (Rachenblütler)
      Ernährungsart: Halbschmarotzer, Wurzelparasit
      Blütezeit: Mai–Juli

Der Acker-Wachtelweizen gehört gleichermaßen zu den schönsten und aus landwirtschaftlicher Sicht zu den bedeutungsvollsten Melampyrum-Arten in unserem Gebiet. Die bis zu einem halben Meter hohen stattlichen Pflanzen sind in der Regel nicht auffällig verzweigt, der gesamte Blütenstand wirkt von weitem auffällig rot, was hauptsächlich durch die Färbung der Blütentragblätter hervorgerufen wird. Die Blüten selbst sind nämlich vorwiegend weißlich-gelb, wobei jedoch einige Abschnitte der Blüte (mittlerer Bereich der Blütenröhre, Kronsaum, Ränder der Blütenlippen) ebenfalls rötlich gefärbt sind. Seltener sind solche Pflanzen, die gelblich-grüne Blütentragblätter besitzen. Die Laubblätter sind oft graugrün überlaufen, schmal lanzettlich und bis zu 10 cm lang und 0,5 cm breit. Die Pflanze ist besonders im Bereich des Blütenstandes behaart.

In Bezug auf den Parasitismus verhält sich der Acker-Wachtelweizen wie alle anderen Schmarotzerpflanzen in dieser Familie. Sie sind nicht wirtsspezifisch, und besonders wenn das Erdreich sehr dicht von Wurzeln verschiedener Arten durchwachsen ist, können die Kontaktorgane die eigenen Wurzeln attackieren. In allen Fällen wird aber stets nur an einer Schmarotzerwurzel ein Haustorium gebildet – die andere Schmarotzerwurzel verhält sich also passiv und fungiert nur als Wirtswurzel.

Recht beachtenswert ist nun die Beziehung zwischen verschiedenen Schmarotzer-Arten. So wurden in letzter Zeit die Wurzeln einiger Pflanzen von Melampyrum cristatum und Melampyrum arvense untersucht, die nahe an dem Schmarotzer Rhinanthus minor standen. Auch hier verhält sich eine Schmarotzerwurzel stets passiv, nimmt also die Rolle einer Wirtswurzel ein; die andere wird aktiv, bildet also ein Haustorium. Diese Rollenverteilung ist bei solchen Schmarotzergesellschaften recht interessant. In unserem Beispiel schmarotzte Melampyrum arvense an einigen Gräsern und ›an sich selbst‹ – ignorierte also die beiden anderen Schmarotzer; Melampyrum cristatum schmarotzte an einigen Gräsern, an Bellis perennis L. (dem Gänseblümchen) an Melampyrum arvense, Rhinanthus minor und ebenfalls an den Wurzeln der eigenen Pflanze. Rhinanthus minor hingegen attackierte ›ausgesprochen freudig‹ an Melampyrum arvense und an einigen Gräsern. Bei anderen Untersuchungen zwischen zwei Schmarotzerpflanzen unterschiedlicher Gattungen war einmal die eine Pflanze Wirt, beim anderen Mal die zweite Pflanze. Das kann soweit gehen, daß eine Schmarotzerwurzel ein Kontaktorgan bildet, mit dem die Schmarotzerwurzel der anderen Pflanze angegriffen wird, einen Zentimeter höher an dieser ›angriffslustigen‹ Schmarotzerwurzel jedoch ein Kontaktorgan des anderen Parasiten sitzt, die Wurzel an dieser Stelle also Wirtsfunktion ausübt. Wie diese Wechselwirkung von Parasit- und Wirtscharakter zustande kommt, ist bis heute nicht erklärbar. Ebensowenig weiß man darüber, warum in solchen Fällen stets nur ein Haustorium gebildet wird, wodurch also die Aktivität der anderen Schmarotzerwurzel gehemmt wird.

Den Acker-Wachtelweizen findet man heute kaum noch auf Äckern; insofern bereitet diese Schmarotzerpflanze dem Landwirt auch keine Sorgen mehr. In manchen Gebieten war dies noch vor wenigen Jahrzehnten bei Massenvorkommen auf Getreidefeldern anders. Weniger die Schmarotzereigenschaft als vielmehr die Giftigkeit des Samens war früher Grund zur Beunruhigung.

Melampyrum arvense ist fast überall in Europa verbreitet. Bevorzugt werden basisch bis kalkhaltige Standorte an Waldrändern, Feldwegen oder auf abgewirtschafteten Äckern.

72 MELAMPYRUM NEMOROSUM L., Hain-Wachtel-
weizen
Familie: Scrophulariaceae (Rachenblütler)
Ernährungsart: Halbschmarotzer, Wurzelparasit
Blütezeit: Mai–August (September)

Der Hain-Wachtelweizen gehört wie der Acker-Wachtelweizen
mit zu den Melampyrum-Arten, die von besonders apartem
Aussehen sind. Wie bei Melampyrum arvense liegt das auch
hier an den auffällig gefärbten Blütentragblättern im oberen
Bereich der Infloreszenz. Diese sind dort nämlich tief blau
gefärbt und gezähnt, während sie im unteren Bereich des locke-
ren Blütenstandes grünlich werden und kaum noch gezähnt
sind. Die recht breiten Laubblätter am Hauptsproß und an
den bogig aufsteigenden Seitensprossen sind schließlich vollkommen grün und auch am Blattrand nicht mehr gezähnt
oder eingekerbt. Diese ebenfalls einjährigen Pflanzen erreichen
manchmal die Höhe von über einem halben Meter, in der
Regel wird der Hauptsproß jedoch ca. 30 cm lang. Die 2 cm
langen Blüten heben sich deutlich von den blauen Blütentragblättern ab, da sie von kräftig goldgelber Grundfarbe sind.
Oftmals ist die Unterseite der Unterlippe (manchmal die gesamte langgezogene Kronröhre) sowie der Blütensaum orange
bis feuerrot angefärbt. Wie bei den meisten anderen Melampyrum-Arten kommen auch bei Melampyrum nemorosum zahlreiche Formen vor, auf die wir hier jedoch nicht näher eingehen
wollen.
    Aus dem Namen ist bereits ersichtlich, daß Melampyrum
nemorosum vorwiegend in lichten Laub-, seltener in Nadelwäldern vorkommt. Auch an feuchten Waldrändern, Lichtungen
oder älteren Windbrüchen mit lehmigen Boden fühlen sich
die Pflanzen wohl.
    Besonders weit verbreitet ist der Hain-Wachtelweizen in
Osteuropa. Die westliche Grenze verläuft von Finnland, Däne-
mark, längs durch die Bundesrepublik bis nach Italien und
Jugoslawien. Südlich der Alpen hingegen kommen zahlreiche

Formen vor, die auch noch in den Pyrenäen verbreitet sind. Die Standorte von Melampyrum nemorosum liegen vorwiegend in der Ebene und in den Mittelgebirgen. In den Alpen dagegen ist er so gut wie nicht ansässig.

73, 74 TOZZIA ALPINA L., Alpenrachen
Familie: Scrophulariaceae (Rachenblütler)
Ernährungsart: Halb-, Vollschmarotzer, Wurzelparasit
Blütezeit: April (Mai)–September

Tozzia ist eine monotypische Gattung (also eine Gattung, die nur aus einer einzigen Art besteht), deren Lebensweise besonders interessant ist. Diese Pflanze lebt nämlich in der ersten Entwicklungsphase unterirdisch als Vollparasit, später durchbricht sie die Erdoberfläche, wird grün und somit zum Halbschmarotzer.

Aus dem Samen, der noch von harten Fruchtschalen umgeben ist, entwickelt sich zuerst eine dünne Hauptwurzel. An dieser noch dünnen Wurzel entsteht bereits nach kurzer Zeit ein Kontaktorgan, das Kontakt mit einer Wirtswurzel aufnimmt, wodurch die erste wichtige Nährstoffquelle erschlossen wird. Rasch entwickeln sich zusätzlich Seitenwurzeln, deren zahlreiche Kontaktorgane sich ebenfalls an Wirtswurzeln heften. Erst jetzt brechen die harten Fruchtschalen auf, und sichtbar werden zahlreiche fleischige Blätter, die an einem gedrungenen Hauptsproß sitzen: ein bis zu einem Zentimeter großes bleiches Gebilde, das auch als Schuppenkomplex bezeichnet wird. In dieser Form lebt die Pflanze nun längere Zeit unterirdisch. Nach ca. ein bis zwei Jahren (manchmal auch noch im selben Jahr) verlängert sich im Frühjahr der Hauptsproß, der die Erdoberfläche durchbricht und bald als stattliche grüne Pflanze unmittelbar nach der Schneeschmelze zu blühen beginnt. Die auf den ersten Blick radiär-symmetrisch erscheinenden Blüten sind bei näherer Betrachtung doch zygomorph (d.h., es gibt nur eine Symmetrieachse), was typisch für die

Familie ist. Die ca. 1 cm großen Blüten sind hell- bis dunkelgelb, stark behaart und purpur gepunktet.

Während die Pflanze im Frühsommer nach Austreiben des Hauptsprosses und Entwicklung von zahlreichen Bereicherungstrieben ca. 30 cm hoch wird, findet man im Spätsommer oder Herbst oftmals dieselbe Pflanze in recht veränderter Form vor. Die alten Triebe haben sich nämlich enorm verlängert und wirken vergeilt. Sie können bis zu einen Meter lang werden und kriechen meist flach auf dem Erdboden oder legen sich über die Sprosse und Blätter ihrer Wirte, wobei die Triebe immer noch weiter wachsen und neue Blüten und Früchte bilden. Durch diese Phänomene gelingt es der Pflanze, die Vegetationsperiode für die Fruchtbildung voll auszunutzen. Die ältere Meinung, Trozzia-Früchte würden durch Ameisen verbreitet, konnte nach neueren Untersuchungen nicht bestätigt werden. Die Hauptverbreitung der Früchte erfolgt durch Wasser, sei es durch Bäche oder in Form von Niederschlag.

Besondere Beachtung verdienen die fleischigen Blätter dieser Pflanze (vgl. auch Lathraea und Einleitung), die nach Ansicht einiger Wissenschaftler kleine Erdtiere gefangen halten und verdauen sollen. Neueste Untersuchungen zeigten, daß in den Höhlen dieser Blätter zwar verschiedene kleine Tierchen vorkommen können, von Insektivorie oder Carnivorie jedoch deshalb noch keine Rede sein kann.

Bei dem Alpenrachen handelt es sich meistens um mehrjährige Pflanzen, die jedoch in der Regel nur in ihrer letzten Entwicklungsphase zum Blühen kommen. Ihre beiden charakteristischen Lebensabschnitte zeigen in beeindruckender Form einen Übergang von voll- zu halbparasitischer Ernährung, ohne daß dabei die Kontaktorgane umstruktuiert werden oder andersartige Organe entstehen. Im Vergleich zu anderen schmarotzenden Scrophulariaceen zeigt der Alpenrachen geringe Variabilität, wenn man von den Größenunterschieden jüngerer und älterer Pflanzen sowie leichter Veränderungen der Blattform absieht. Ausgesprochen kleine Blüten sollen die Tozzia-Pflanzen in den Karpaten haben; aus diesem Grunde bezeich-

neten einige Wissenschaftler diese Pflanzen als eine Unterart
(ssp. carpathica).

Tozzia kommt in Bulgarien ebenso vor wie in Montenegro,
in den Julischen Alpen, im Apennin oder in den Pyrenäen.
Neben einigen Standorten im Schwarzwald (?) und wohl auch
in den Vogesen (?) ist Tozzia in Mitteleuropa nur in den
Alpen verbreitet. Da feuchte Stellen in Hochstaudenfluren und
Pestwurz- (Petasites) Gesellschaften bevorzugt werden, kommt
der Alpenrachen vermutlich häufiger vor als bisher angenom-
men – nur werden die Pflanzen im Gelände leicht übersehen.

75   LATHRAEA SQUAMARIA L., Gemeine Schuppen-
      wurz
      Familie: Scrophulariaceae (Rachenblütler)
      Ernährungsart: Vollschmarotzer, Wurzelparasit
      Blütezeit: März–Mai

Was sich bei Tozzia bereits andeutete, wird nun bei Lathraea
in verstärktem Maße fortgesetzt: die Tendenz zum Vollparasi-
tismus in dieser Familie. Die Lathraea-Pflanzen leben vollkommen unterirdisch, und nur im Frühjahr erscheint für kurze
Zeit ein mit zahlreichen Blüten besetzter Sproß.

Die fleischigen Laub- und Tragblätter sind bleich und können wie die Blüten je nach Lichtintensität des Standortes purpur bis weißlich gefärbt sein. Obwohl sich die Pflanzen vollparasitisch ernähren (sie haben keine Möglichkeit, photosynthetisch aktiv zu sein) unterscheiden sich die Kontaktorgane –
zumindest nach unserem bisherigen Wissensstand) – nicht von
denen der Halbparasiten. Auch bei Lathraea werden nur die
Wasserleitungsbahnen der Wirte angezapft. Zahlreiche Überle-
gungen, wie dieser Schmarotzer an die organischen Substanzen
kommt, führten schließlich zu der Auffassung, daß er sie mit
dem sog. Blutungssaft des Wirtes erhält. Wenn nämlich im
Frühjahr der Wirt alle möglichen Reservesubstanzen ›locker‹
macht, um damit die Vegetationsperiode einleiten zu können,

befinden sich auch in den wasserführenden Leitungsbahnen organische Stoffe, die als Blutungssaft bezeichnet werden. Sicherlich ein denkbarer Weg, wie sich Lathraea in dieser Zeit mit organischen Nährstoffen vollpumpen und damit ein ganzes Jahr haushalten kann. In den fleischigen unterirdischen Blättern und Sprossen kann der Nahrungsvorrat zudem bequem gespeichert werden. Die unterirdischen Pflanzen sind stark verzweigt (siehe Einleitung) und bilden sogenannte ›Nester‹. Aus jedem knospenähnlich aussehenden Seitentrieb kann zwar nur einmal ein Blütensproß gebildet werden, eine Pflanze besitzt aber in der Regel mehrere Seitensprosse zu gleicher Zeit.

Es wurde bereits darauf hingewiesen, daß auch hier die fleischigen Blätter große Höhlen aufweisen, in denen zahlreiche Drüsen zu sehen sind. Wie bei Tozzia sorgen diese lediglich für einen intensiven Stoffaustausch. Mit fleischfressender Tätigkeit können sie aufgrund neuerer Untersuchungen eigentlich nicht mehr in Zusammenhang gebracht werden.

Während die bisher beschriebenen Schmarotzerpflanzen auf allen möglichen ein- oder mehrjährigen Kräutern parasitierten, findet man die Haustorien von Lathraea vorwiegend an Baumwurzeln. Dies mag jedoch hauptsächlich daran liegen, daß die Schuppenwurz andere, an Pflanzenarten ärmere Standorte bevorzugt. So findet man sie häufig in feuchteren humusreichen Buchen-, Erlen- oder Fichtenwäldern, verwahrlosten Parkanlagen oder in mehr oder weniger verwilderten Obstplantagen. Das Verbreitungsgebiet reicht von Schottland, Skandinavien bis zum Balkan, von Portugal bis zum Iran. Neben Lathraea squamaria gibt es noch einige andere Arten, (z.B. Lathraea clandestina L.), auf die hier jedoch nicht näher eingegangen werden soll.

Der alte Streit, ob Lathraea zu den Scrophulariaceen oder zu den Orobanchaceen gehört, ist bis heute nicht endgültig beendet, da diese Schmarotzerpflanzen eine Mittelstellung zwischen beiden Familien einnehmen. Die überwiegenden Merkmale – auch parasitische Eigenschaften und morphologisch – anatomische Merkmale bei den Kontaktorganen – deuten jedoch auf eine engere verwandtschaftliche Bindung zu den Scrophulariaceen hin.

76   OROBANCHE GRACILIS Sm., Zierliche, Blutrote
      Sommerwurz
      Familie: Orobanchaceae (Sommerwurzgewächse)
      Ernährungsart: Vollschmarotzer, Wurzelparasit
      Blütezeit: Mai–September

Die Orobanchaceae-Arten zeichnen sich von allen anderen in Mitteleuropa vorkommenden Schmarotzerpflanzen dadurch aus, daß ein ganz besonderes Kontaktorgan gebildet wird, ein sog. Primärhaustorium (bei den anderen mitteleuropäischen Parasiten entwickeln sich nur Sekundärhaustorien). Um dieses Phänomen besser verstehen zu können, soll im folgenden auf die Entwicklung einer Pflanze von Orobanche gracilis etwas näher eingegangen werden. Liegt in unmittelbarer Nähe einer Wirtswurzel ein Orobanche-Same, so bildet sich aus diesem ein ›Keimfaden‹, der aus relativ wenigen Zellen besteht. Dieses schlanke Organ legt sich an die Wirtswurzel, wo es sich terminal verdickt und nach einiger Zeit zu einer recht großen Knolle anschwillt. Dieses vegetative Organ schmarotzt meist an kräftigen Seitenwurzeln von Schmetterlingsblütlern, wobei das jüngere Ende der Wirtswurzel vom Bereich des Haustorial-Befalls ab im Laufe der Zeit abstirbt. Die Wirtswurzel geht demzufolge scheinbar in die Knolle der Schmarotzerpflanze über; ein Grund dafür, warum in früheren Zeiten die jeweiligen Wirtspflanzen als ›teuflische Produkte‹ angesehen wurden, oder als Pflanzen ›thierischen Ursprungs‹, aus deren Wurzeln ›unheilvolle Satansgebilde‹ hervorgehen.

Aus den großen Knollen dringen zahlreiche Zellen in die Wirtswurzel, sie bilden das Primärhaustorium. Am entgegengesetzten Ende der Knolle treibt ein Hauptsproß aus, der die Erdoberfläche durchbricht und mit einer Länge von knapp einem halben Meter zahlreiche Blüten ausbildet. In der Regel

ist der Sproß drüsig behaart und, wie die Blüten, gelblichpur-
purner Färbung. Die zahlreichen Blätter sind wie bei einigen
Orchideen, Monotropa oder Lathraea schuppenförmig. In Erd-
nähe sind sie dichter angeordnet als zum ährigen Blütenstand
hin. Die gesamte Pflanze (incl. Blätter) ist nicht grün und
somit ein Vollparasit. Die Orobanchaceen sind nicht in der
Lage, durch Photosynthese organische Substanzen zu erzeugen.
Dementsprechend sind sie vermutlich in wesentlich stärkerem
Maße von ihren Wirtspflanzen abhängig. Zur Bestimmung
der Blutroten Sommerwurz in dieser taxonomisch sicherlich
ebenfalls schwierigen Pflanzengruppe spielt der Blütengeruch
eine wichtige Rolle. Die Blüten duften nämlich sehr stark nach
Nelken.

Im südlichen Bereich Mitteleuropas ist die Blutrote Sommerwurz recht weit verbreitet. In den niederen Lagen Österreichs
gehört sie sogar zur bekanntesten Orobanche-Art. Während
nur wenige Standorte in Nordafrika bekannt sind, liegt das
Hauptverbreitungsgebiet in Südeuropa, und zwar vom Atlan-
tik bis zum Schwarzen Meer. Wie bei den anderen Sommerwurz-Arten kommt auch Orobanche gracilis auf Halbtrockenrasen vor. Selten liegen die Standorte oberhalb von 1500 m.

77, 78 OROBANCHE LUTEA Baumg., Gelbe Sommerwurz
    Familie: Orobanchaceae (Sommerwurzgewächse)
    Ernährungsart: Vollschmarotzer, Wurzelparasit
    Blütezeit: Mai–Juli

Die Blüten der Gelben Sommerwurz variieren sehr stark. Sie
stellen trotzdem das für die Bestimmung der Art wichtigste
Merkmal dar. Es ist daher nicht verwunderlich, daß eine sichere Identifizierung dieser wie anderer Orobanche-Arten selbst
dem Fachmann Schwierigkeiten bereitet. In der Regel sind
die Blüten braun bis gelblich gefärbt und von einigen violetten
Nerven durchzogen. Sie können aber auch rein braun oder
sogar purpur sein, wobei die Narbe meist auffällig gelb ist.

Sowohl in der Behaarung als auch in der Beblätterung ähnelt Orobanche lutea der Blutroten Sommerwurz.

Wie zahlreiche andere Orobanche-Arten ist auch O. lutea ein- oder mehrjährig. An der kräftigen unterirdischen Knolle, die auf der Wirtswurzel sitzt, entstehen zahlreiche fleischige Wurzeln (Adventivwurzeln). Die Orobanche-Wurzeln stellen insofern etwas besonderes dar, als sie nämlich meist völlig wurzelhaarlos sind und zusätzlich (zum Primärhaustorium) die den Scrophulariaceen ähnlichen Kontaktorgane (Sekundärhaustorien) bilden können. Somit erhalten also derartige Schmarotzerpflanzen ihre Nährstoffe vom Wirt nicht nur durch das Primärhaustorium, sondern ebenfalls noch über die Sekundärhaustorien. Die sekundären Kontaktorgane sind bei Orobanche ganz ähnlich konstruiert wie bei den Scrophulariaceen, und auch in ihrem Verhalten (Selbstparasitismus etc.) sind sie ihnen ähnlich. Obwohl Orobanche nicht wirtsspezifisch ist, werden zahlreiche Wirtspflanzen, besonders Vertreter der Fabaceen/Papilionaceen (Hülsenfrüchtler, Schmetterlingsblütler), bevorzugt angegriffen.

Die Verbreitung von Orobanche lutea reicht von Spanien bis zum Iran. Im nördlichen Teil Mitteleuropas ist sie relativ selten zu finden, im mittleren und südlichen Bereich hingegen gehört sie mit zu den häufig auftretenden Orobanche-Arten. Besonders in Österreich ist diese Pflanzenart weit verbreitet.

79   OROBANCHE ALSATICA Kirschl., Elsässer Sommer-
      wurz
      Familie: Orobanchaceae (Sommerwurzgewächse)
      Ernährungsart: Vollschmarotzer, Wurzelparasit
      Blütezeit: Juni

Nicht nur sämtliche Arten der Gattung Orobanche leben vollparasitisch, sondern alle Vertreter der Familie Orobanchaceae gehören zu dieser Gruppe der Ernährungsspezialisten. Alle Pflanzen sind nicht grün, sondern meist gelblich-braun oder rötlich-violett gefärbt. Insgesamt gibt es ungefähr ein Dutzend verschiedener Gattungen, von denen Orobanche mit weit mehr als 100 Arten die umfangreichste ist. Orobanche alsatica unterscheidet sich durch die Form der Schuppenblätter recht gut von anderen ähnlichen Arten. Im unteren Bereich des Sprosses sind diese nämlich annähernd dreieckig, am oberen Sproßabschnitt lanzettlich. Die 1,5 cm langen Blüten sind gelblich und weisen einen weit geöffneten Schlund vor. Die Nerven der Unterlippe (manchmal auch weite Teile der Oberlippe) sind oft purpur bis violett gefärbt. Unterhalb der Narbe ist der Griffel meist rötlich überlaufen. Wenn die bis zu 60 cm großen Pflanzen zu blühen beginnen, neigen sich die anfangs aufrechten Blüten, bis sie fast im rechten Winkel vom Sproß abstehen. Sowohl die Elsässer Sommerwurz, wie auch andere Sommerwurz-Arten sind zwar bedeutend anspruchsvollere Parasiten als die halbparasitischen Scrophulariaceen, aus land- oder forstwirtschaftlicher Sicht richten aber auch sie in Mitteleuropa keinen größeren Schaden an. In anderen Gebieten hingegen ist die von den Schmarotzerpflanzen ausgehende Gefahr nicht zu unterschätzen. So werden noch heute in manchen Mittelmeerländern, in Indien, Vorderasien, Afrika oder auf Kuba die Ernteerträge beachtlich vermindert, in zahlreichen Fällen der letzten Jahre wurden sogar ganze Felder durch Orobanchaceen-Befall vernichtet. Nicht übersehen darf man dabei neben dem Schmarotzertum das Massenauftreten dieser Pflanzen. Eine einzige Pflanze kann nämlich über 100 000 Samen erzeugen. Wenn nun auf einem Feld nur 100 solcher Schmarotzerpflanzen – das ist in diesen Gebieten nicht viel – zur Blüte gelangen, und sich nur jeder zehnte Same entwickelt, würde das bedeuten, daß in dem darauffolgenden Jahr 1 Million Pflanzen blühen. Unvorstellbar, was in dem Jahr darauf geschehen würde! Während am natürlichen Standort die Natur in einem solchen Fall meist ›Sicherungsmaßnahmen‹ eingeplant hat, treffen derartige Regelungen auf vom Menschen bewirtschaftete Gebiete oftmals nicht zu. Hier muß sich der Mensch etwas einfallen lassen, und sowohl Vergangenheit als auch Gegenwart zeigen, daß er seine liebe Mühe damit hat. In unseren Regionen haben wir – wie bereits gesagt – dieses Problem nicht. Im Gegenteil: durch intensive Kulturmaßnahmen (Düngung etc.) stehen in einigen Gebieten diese ›geheimnisvoll anmutenden Schmarotzerpflanzen‹ vor dem Aussterben, ja, zahlreiche Standorte sind bereits erloschen. Orobanche alsatica kommt in Mitteleuropa nur sehr zerstreut vor. In der Saum-Gesellschaft (also zwischen Freifläche und Buschzone vor dem Wald) schmarotzt die Elsässer Sommerwurz mit Vorliebe auf den Wurzeln von Doldenblütlern (Umbelliferen). Die allgemeine Verbreitung reicht von Frankreich bis China.

80, 81 OROBANCHE VULGARIS Poir., Labkraut-Sommerwurz

Familie: Orobanchaceae (Sommerwurzgewächse)
Ernährungsart: Vollschmarotzer, Wurzelparasit
Blütezeit: Juni–Juli

Die Orobanche-Arten fallen wegen ihres ›unnormalen‹ Aussehens auch dem Laien auf, und so ist es nicht verwunderlich, daß diese Pflanzen vom Volksmund die verschiedensten Namen erhalten haben. Da sich die Orobanche-Arten nur schwer voneinander unterscheiden lassen, sind die wenigsten volkstümlichen Namen artgebunden. Speziell Orobanche vulgaris (= O. caryophyllacea SM., die Nelken-Sommerwurz) ist in einigen Gegenden als Wetterpflanze bekannt und bekam daher den Namen ›Wetterzepfn‹. Bei sonnigem, schwülen Wetter duftet sie nämlich sehr intensiv nach Nelken, bei Regen hingegen ist sie fast geruchslos. Andere Namen für Orobanche, wie Kühbutter oder Milchkraut sind auf die ältere Meinung zurückzuführen, die besagt, daß die Pflanzen von hohem Futterwert sein.

Als ›Rinder-Potenzmittel‹ sind die Namen Stierkraut, Stierbeutel oder Stierwurz in Österreich noch heute gebräuchlich. Auf das auffällige Schmarotzertum zurückzuführen ist sicherlich der Name Würger, ›Sommerwurz‹ schließlich zielt auf das Erscheinen der Blüten im Sommer.

Die Nelken- oder Labkraut-Sommerwurz hat bis zu 3 cm lange Schuppenblätter, die sich am gelblich oder lila gefärbten Sproß nach oben hin (also zum Blütenstand) lockerer ordnen. Die wenigen Blüten sind wie ihre Tragblätter bis zu 3,5 cm lang und besitzen meist zahlreiche helle Drüsenhaare, die auf der Oberlippe besonders auffallen. In der Regel ist die Blütenfarbe recht kräftig (dunkelbraun, violett oder rötlich), seltener findet man Pflanzen mit blaßgelben oder hellbraunen Blüten.

Orobanche vulgaris gehört zu den wenigen Sommerwurz-Arten, die stets einjährig sind. Dennoch entwickeln sich auch bei diesen Pflanzen kräftige Knollen sowie zahlreiche kürzere Adventivwurzeln. Bei den Wirtspflanzen handelt es sich meist um Arten von Rubiaceen (Labkraut!), jedoch können auch Gräser, Seggen oder Sträucher befallen werden.

Die Labkraut-Sommerwurz ist überall in Mitteleuropa weit verbreitet, seltener findet man sie in Süd- und Nordeuropa. Neben den üblichen Halbtrockenrasen kommt sie häufiger auf verwilderten buschreichen Wiesen oder an trockenen Waldrändern vor. Die Standorte sind gewöhnlich kalkhaltig und nährstoffreich (nicht gedüngt!).

82   OROBANCHE TEUCRII Hol., Gamander-Sommer-
     wurz
     Familie: Orobanchaceae (Sommerwurzgewächse)
     Ernährungsart: Vollschmarotzer, Wurzelparasit
     Blütezeit: Juni–August

Hier verrät der Name bereits die ›Lieblings-Wirtspflanze‹ dieser Schmarotzerart, nämlich Teucrium montanum L. (Berg-Gamander). Solche Beziehungen zwischen den Namen der Schmarotzer-Pflanzen und ihren bevorzugten Wirten findet man hin und wieder auch bei den mitteleuropäischen Orobanche-Arten. So sind weitere Arten, wie beispielsweise Orobanche rapum-genistae Thuill. (Ginster-Sommerwurz), Orobanche hederae Duby (Efeu-Sommerwurz) oder Orobanche loricata Rchb. (Beifuß-Sommerwurz) vorwiegend auf Ginster, Efeu bzw. Beifuß anzutreffen.

Die Gamander-Sommerwurz ist mit einer Höhe von ca. 30 cm meist etwas kleiner als die anderen, bisher beschriebenen Sommerwurz-Arten. Auch hier ist die gesamte Pflanze drüsig behaart und am unteren Sproßabschnitt dichter beblättertt als am oberen. Die Blüten sind hellbraun bis lila gefärbt, und an der Narbe befinden sich zwei purpurrote Warzen.

Bereits bei Lathraea wurde darauf hingewiesen, daß die Orobanchaceen vermutlich mit den Scrophulariaceen eng verwandt sind, wobei Lathraea (siehe auch dort) eindeutig den Scrophulariaceen zugehörig ist, und im Hinblick auf die parasitische Lebensweise eine Zwischenstellung einnimmt. Anderen, meist älteren Auffassungen nach sind die Orobanchaceen jedoch parasitisch lebende Gesneriaceen (Gesneriengewächse), zu denen beispielsweise auch das Usambaraveilchen, eine beliebte Zimmerpflanze, gehört.

Während zahlreiche Orobanche-Arten in ihren Formen sehr variabel sind (besonders die Kelchblätter und die Farbe der Blüten), sind die Merkmale der Pflanzen von der Gamander-Sommerwurz ziemlich konstant.

Auf Trockenrasen, Geröllhalden und felsigen Standorten der Alpen (bis 2000 m) kommen die Pflanzen ebenso vor wie auf Halbtrockenrasen, Trockenrasen oder buschigen Standorten der Mittelgebirge. In den tieferen Lagen Mitteleuropas ist Orobanche teucrii, wenn überhaupt, nur äußerst selten anzutreffen. Das Verbreitungsgebiet erstreckt sich gürtelartig von den Pyrenäen bis zu den Karpaten, wobei Belgien und Süddeutschland die nördliche Grenze bilden.

83–86 DROSERA ROTUNDIFOLIA L., Rundblättriger Sonnentau

Familie: Droseraceae (Sonnentaugewächse)
Ernährungsart: Fleischfressende Pflanze
Blütezeit: Juni–August

Die Blätter aller Sonnentau-Arten (bei einigen anderen fleischfressenden Pflanzen übrigens auch) stellen die am auffälligsten gestalteten Organe dar. Sie besitzen nämlich zahlreiche Tentakeln, die meist hell- bis dunkelrot gefärbt sind und an deren Enden sich glitzernde glasig wirkende Köpfchen ausbilden. So hübsch und reizvoll diese Tentakeln nun aussehen (auch für die nektarsuchenden Insekten) so gefährlich sind sie auch. Es handelt sich hierbei nämlich um den tödlichen Fangapparat, aus dem es meist kein Entkommen mehr gibt. Werden nämlich diese langen Tentakeln, die wie überdimensionale Nektardrüsen aussehen (und sogar nach Honig riechen sollen!), von einem Insekt berührt, so bleibt es an den klebrigen Tropfen hängen. Bei dem Versuch, sich durch rasche Bewegung nun doch noch loszureißen, werden die benachbarten, dicht stehenden Tentakeln berührt, und die durch das Sekret entstandenen leimigen Fäden wirken wie ein Spinnennetz, in dem sich das Tier verfängt. Hinzu kommt der durch die Bewegung des Opfers ausgelöste Reiz auf das Blatt. Die benachbarten Tentakeln neigen sich zur Beute und überdecken nach kurzer Zeit das Tier völlig mit ihrem zähen Schleim; manchmal rollt sich sogar der Blattrand leicht um. Die Frage, ob die Reizleitung im Blatt mechanisch oder chemisch hervorgerufen wird, ist seit längerer Zeit bekannt und einfach zu beantworten. Da nämlich die Krümmungserscheinungen nicht auftreten, wenn ein unverdaulicher Gegenstand die Tentakeln berührt – beziehungsweise Reizleitungen dann erfolgen, wenn man tierisches Eiweiß, also beispielsweise Phosphate oder ätherische Öle auf die Blätter tropft, handelt es sich um einen chemischen Reiz.

Die unbeblätterten Stiele der Blütenstände vom Rundblättrigen Sonnentau können bis zu 30 cm groß werden, bei den meisten Pflanzen sind sie jedoch nur ca. 10–15 cm hoch. Der nickende Blütenstand setzt sich als Wickel aus mehreren Blüten zusammen, von denen jedoch während der Blütezeit meist nur eine Blüte geöffnet ist. Da die Blüten recht klein und weiß sind, fallen sie kaum auf. Anders die rosettenartig angeordneten Laubblätter, die lang gestielt der Erdoberfläche dicht aufliegen. Am Grunde des langen Blattstieles befinden sich kleine gefranste Nebenblätter (Stipeln), die Spreite ist annähernd kreisrund und kleiner als ein Pfennigstück. Der Übergang vom Blattstiel zur Blattspreite geht nicht allmählich, sondern abrupt vor sich.

Während beim Sonnentau eine Klebfalle zum erfolgreichen Tierfang konstruiert wurde, gibt es bei anderen Insektivoren oder Carnivoren noch weitere Fangmethoden, wie z.B. die Reusenfalle, Kannenfalle, Klappfalle o.a. (vgl. Utricularia). Bei einigen fleischfressenden Pflanzen werden Bakterien als Symbionten zur Zersetzung der Beutetiere benötigt (Nepenthes, Kannenpflanze). Drosera-Pflanzen sind wahrscheinlich auf solche fremde Hilfe nicht angewiesen. Von kleinen Verdauungsdrüsen werden nämlich Enzyme abgesondert, die das Tier nach Zersetzung mit Ameisensäure verdauen. Nach vollendeter Resorption (Aufnahme aller aufgeschlossenen Substanzen) entfaltet sich das Blatt erneut vollends, und auch die Tentakeln richten sich wieder auf. Zudem entstehen zahlreiche neue Tentakeln, die wiederum an den Köpfchen leimiges Sekret produzieren.

Der Rundblättrige Sonnentau überwintert, wie alle einheimischen Drosera-Arten, mit kleinen Erneuerungsknospen, die sich dicht unter der Erdoberfläche befinden und in Moos ›verpackt‹ sind, wobei die zerfransten Nebenblätter der bis dahin abgestorbenen Laubblätter diese Winterknospe zusätzlich umhüllen und somit schützen.

Neben der Gattung Drosera gehören zu den Sonnentaugewächsen noch die drei anderen Gattungen Drossophyllum, Aldovandra und Dionea, die sich ebenfalls zusätzlich von Tieren ernähren. Während Drosophyllum dem Sonnnentau recht ähnlich sieht, und in Portugal, Spanien und Nordafrika (Marokko) vorkommt, ist Aldovandra (Wasserfalle) völlig anders gestaltet. Sie ist eine ähnlich wie Utricularia aussehende Wasserpflanze, die in Mitteleuropa verbreitet ist bzw. war. Wegen der Trockenlegungen von Mooren und Gewässerverunreinigungen sind nämlich fast alle bekannten Standorte erloschen, und vielleicht ist die Wasserfalle in Mitteleuropa schon heute ausgestorben. Dionea, die Venusfliegenfalle, ist in Küstennähe von Carolina (USA) heimisch. Diese fleischfressende Pflanze hat in den letzten Jahren große Popularität erlangt, denn besonders im Frühjahr ist sie in Blumengeschäften und Kaufhäusern zum Verkaufsschlager aufgestiegen, und zwar nicht etwa wegen auffälliger Blütenpracht (die Blüten sind wie beim Sonnentau sehr unscheinbar), sondern wiederum wegen der zum Tierfang eingerichteten Blätter. Am Rand der rundlichen, zweilappigen Blattspreite befinden sich steife Blattzähne, die bei Berührung der Blattinnenfläche rasch scharnierartig zusammenklappen. Auf der Innenfläche des Blattes stehen nämlich einige kleine Reizborsten, die auf mechanische Berührung hin das ruckartige Zusammenschließen der beiden Blatthälften verursachen.

Der Rundblättrige Sonnentau liebt nährstoffarme, kalkfreie Standorte in Hoch- und Zwischenmooren oder auf ständig feuchtem Sand. Besonders häufig aber auch leicht übersehbar siedelt er sich in Sphagnum (Torfmoos)–Polstern an. In Mitteleuropa ist Drosera rotundifolia weit verbreitet. Von 1 m N.N. (z.B. an der Nordsee) bis 2000 m N.N. (in den Alpen) kann er alle für ihn günstige Gebiete besiedeln. Während in Südeuropa nur wenige Standorte in Gebirgen bekannt sind (im Flachland äußerst selten), ist er in Nordeuropa überall anzutreffen. Zu den weiteren Verbreitungsgebieten zählen Sibirien, Japan, Grönland oder Nordamerika.

87–89 DROSERA ANGLICA Huds., Langblättriger
Sonnentau
Familie: Droseraceae (Sonnentaugewächse)
Ernährungsart: Fleischfressende Pflanze
Blütezeit: Juni–August

Diese Sonnentau-Art unterscheidet sich von den anderen hier beschriebenen im wesentlichen durch die Form der Laubblätter. Die Spreite geht nämlich nur sehr langsam in den Blattstiel über, so daß man das Laubblatt zwar ebenfalls als lang gestielt, jedoch mit linealer bis länglicher Spreite beschreiben kann. Alle anderen Angaben zur Unterscheidung der Arten am Standort können variieren und sind aus diesem Grunde wenig verläßlich. In der Regel sind die Merkmale der heimischen Sonnentau-Arten, wenn man von der Laubblattform absieht, ohnedies nicht wesentlich abweichend.

Wie bei den anderen Arten bilden auch hier die mehrjährigen Pflanzen zur Überwinterung Knospen, aus denen sich im Frühjahr die grünen Laubblätter entfalten und rosettenartig anordnen. Das Wurzelsystem ist ziemlich stark reduziert und besteht nur aus einigen faserigen Wurzeln.

Die Funktion der sonst üblichen Haare an Wurzeln wird durch die Ausbildung sog. Saughaare am Hypokotyl (eines kurzen Sproßabschnittes unterhalb der Keimblätter) ersetzt. Die ersten Blätter der Keimpflanzen sind ebenso wie die Kotyledonen (Keimblätter) kaum behaart. Auch dem Fachmann ist meist nicht bekannt, daß alle Sonnentau-Arten sich durch ein hoch entwickeltes Regenerationsvermögen auszeichnen. So können sogar am natürlichen Standort aus den abgefallenen Blättern, Blütensprossen, ja, sogar aus Wurzelstückchen neue Pflanzen entstehen, die rasch kleine Wurzeln bilden und selbständig werden. Im Labor können solche Ableger leicht herangezogen werden, wenn man die Blätter oder Wurzelstückchen abschneidet und sie in einer feuchten kühlen Kammer auf nasses Fließpapier legt. Relativ einfach ist es ebenfalls, die kleinen Drosera-Samen zum Keimen zu bringen. Größere

Schwierigkeiten bereitet es hingegen, die Pflanzenkeimlinge zur weiteren Entwicklung zu veranlassen.

Noch vor einigen Jahren wurden von außereuropäischen Drosera-Arten rote, gelbe und grüne Farbstoffe gewonnen, die besonders von Bäckern zum Anfärben von Zuckerwaren benutzt wurden. Während früher bei uns aus Drosera-Arten ein Tee gegen Keuchhusten hergestellt wurde, haben in den letzten Jahren Drosera-Extrakte als Heilmittel größere Bedeutung erlangt. Im Handel werden diese Drogen unter der Bezeichnung ›Drosera intermedia‹ und ›Drosera longifolia‹ (= D. anglica) angeboten. In Wirklichkeit handelt es sich meist um Extrakte von Drosera madagascariensis Dc., einer hauptsächlich in Afrika verbreiteten Sonnentau-Art.

Drosera anglica ist in Nord- und Mitteleuropa weit verbreitet (Pyrenäen, Alpen, Karpaten; Finnland, UDSSR, Japan, Kanada usw.) und bevorzugt annähernd dieselben Standorte wie Drosera rotundifolia.

90–92 DROSERA INTERMEDIA Hayne
Mittlerer Sonnentau
Familie: Droseraceae (Sonnentaugewächse)
Ernährungsart: Fleischfressende Pflanze
Blütezeit: Juli–August

Die Mittlere Sonnentau wird in England auch vielfach als Drosera longifolia bezeichnet, in Europa hingegen wurde Drosera anglica (siehe auch dort) als Drosera longifolia angesehen. Der blattlose, ca. 5–8 cm hohe Stiel des Blütenstandes entspricht einer etwas aufgelockerten Blattrosette. Die drüsig behaarten und mit Tentakeln ausgestatteten Laubblätter nehmen in ihrer Form eine Mittelstellung zwischen Drosera rotundifolia und Drosera anglica ein, so daß man die Blattspreite als verkehrt eiförmig bezeichnen kann. Die wenigen Blüten der scheintraubigen Infloreszenz sind weiß und etwa einen halben Zentimeter lang.

Wenn der den Blütenstand tragende Sproß noch nicht voll entwickelt ist, besteht – wenn auch selten – die Gefahr der Verwechslung zwischen dem Mittleren Sonnentau mit einem Bastard zwischen Drosera rotundifolia und Drosera anglica, der den Namen Drosera x obovata Mert. et Koch trägt, auf den wir hier aber nicht näher eingehen wollen. Auch Bastardierungen von Drosera intermedia mit anderen Drosera-Arten können, wenn auch selten, angetroffen werden. Vielleicht kommen solche Pflanzen sogar häufiger vor und werden nur zu leicht übersehen.

Im Volksmund unterscheidet man die Sonnentau-Arten nicht voneinander, da die jeweiligen Merkmale augenscheinlich zu gering sind. Die Mehrzahl der regional verschiedenen Namen wurde im wesentlichen durch die insektivore Tätigkeit und die auffälligen Laubblätter (Sonnentau) geprägt. Auf den letzteren beziehen sich ebenfalls Namen wie ›Perlknöpf‹ oder ›Daurose‹ (Taurose); auf die besondere Ernährungsweise ›Fliegenfänger‹ und ›Müggenfänger‹. Daß den Drosera-Pflanzen auch heilsame Wirkung zugeschrieben wurde (und noch wird!) ist aus den Namen ›Bullenkraut‹ oder ›Hueschidedrooschd‹ (Hustentrost) ersichtlich.

Von den Karpaten, Mittelitalien und Nordportugal erstreckt sich das Verbreitungsgebiet von Drosera intermedia bis zum 63. nördlichen Breitengrad. Zudem sind diese Pflanzen auch im atlantischen Nordamerika heimisch. In Mitteleuropa ist im nördlichen Bereich der Mittlere Sonnentau weiter verbreitet als im südlichen. In den Alpenländern sind die Vorkommen größtenteils auf das Vorland beschränkt. Hier werden, wie im Tiefland, wenig saure und nährstoffarme Böden bevorzugt. Neben den Vorkommen in Hoch- und Zwischenmooren, seltener Kalkflachmooren (etwa auf Schwingrasen oder im Torfschlamm), sind auch sandige Böden geeignet (z.B. im Küstenbereich).

93–95 PINGUICULA VULGARIS L., Gemeines, Echtes Fett-
kraut
Familie: Lentibulariaceae (Wasserschlauchgewächse)
Ernährungsart: Fleischfressende Pflanze
Blütezeit: Mai–Juli

Die Wasserschlauchgewächse schließen sich systematisch an
die Scrophulariaceae an. Allein beim flüchtigen Vergleich blü-
hender Pflanzen von z.B. Linaria vulgaris Mill. (Gemeines
Leinkraut, Frauenflachs), einem Rachenblütler, mit Utricularia
vulgaris L. (siehe auch dort) kann man eine enge verwandtschaftliche Bindung feststellen.

Die relativ kleine Familie der Wasserschlauchgewächse um-
faßt nur 5 Gattungen mit nicht ganz 300 Arten, die jedoch
über die ganze Erde verbreitet sind. Die meisten Arten der
Lentibulariaceen besitzen keine echten Wurzeln und leben im
Wasser. Pinguicula ist die einzige Gattung, bei der alle Pflanzen-Arten echte Wurzeln ausbilden (diese sind jedoch vielfach
reduziert). So sind am Rhizom der ausdauernden Pinguicula
vulgaris dünne Adventivwurzeln entwickelt, die kaum verzweigt sind. Nach der Samenkeimung stirbt die Primärwurzel
rasch ab. Ihre Funktion wird dann von den Adventivwurzeln
übernommen. Wie bei der Mehrzahl der Fleischfressenden
Pflanzen ist das Wurzelsystem so unzureichend ausgebildet,
daß Mineralstoffe nicht in genügendem Maße aufgenommen
werden können.

Die fleischigen Laubblätter sind verkehrt eiförmig und am
Rand leicht zur Oberfläche hin umgebogen. Die ca. 10 Laubblätter liegen als Rosette dicht auf der Erdoberfläche. Der
nur eine Blüte tragende Sproß ist ca. 5 cm groß und nicht
beblättert. Die Blüte ist blauviolett gefärbt und besitzt einen
auffällig behaarten weißen Schlund.

Neben dem Namen Fettkraut (wegen der saftigen Blätter)
sind im Volksmund auch die Namen Fleischfresser, Fliegenfänger oder Fliegenfresser bekannt, auf deren Erläuterung hier
wohl nicht näher eingegangen werden muß.

Die Carnivorie verläuft bei Pinguicula in ähnlicher Weise wie bei Drosera nach dem Klebfallenprinzip. Landet ein kleines Insekt auf der Blattoberfläche, so ist sein Schicksal in der Regel besiegelt. Es bleibt nämlich an zahlreichen kurz gestielten und zähen Schleim absondernden Düsen kleben und wird dicht an die Blattoberfläche gezogen. Dort befinden sich zahlreiche ungestielte Drüsen, die nun das Insekt enzymatisch auflösen. Durch den chemischen Reiz bedingt rollen sich die Blätter vom Rand her etwas ein. Nach der einige Wochen dauernden Verdauungsphase bleibt vom Insekt nur noch der hohle Chitinpanzer übrig.

Wie bei zahlreichen anderen Ernährungsspezialisten der höheren Blütenpflanzen sind auch bei Pinguicula zahlreiche Erscheinungen, Verhaltensweisen und anatomische Strukturen noch nicht genügend untersucht worden. Das ist bei solch interessanten Pflanzen eigentlich verwunderlich – auf der anderen Seite gehören auch die Insektivoren zu den Pflanzen, die sich auf längere Zeit nicht problemlos kultivieren lassen.

Vermutlich existieren nicht nur in den Tropen oder Subtropen Pflanzen, bei denen bis heute die insektivore Tätigkeit noch nicht nachgewiesen wurde (vgl. Einleitung).

Das Echte Fettkraut hat seinen Verbreitungsschwerpunkt in Mittel- und Westeuropa, wenngleich andere Vorkommen in Alaska, Kanada, Grönland, England und bis zum Ural bekannt sind. Die Standorte stellen meist kurzrasige Moore dar, in Gebirgen auch ständig feuchte Wiesen. Das Erdreich ist stets nährstoffarm und kann basisch oder auch sauer sein.

96   PINGUICULA ALPINA L., Alpen-Fettkraut
       Familie: Lentibulariaceae (Wasserschlauchgewächse)
       Ernährungsart: Fleischfressende Pflanze
       Blütezeit: April–August

Das Alpen-Fettkraut ist eine mehrjährige Pflanze, die im Herbst wie Pinguicula vulgaris oder Droseraceen ihre Laubblätter einzieht und als Winterknospe dicht unter der Erdoberfläche überwintert. Im Frühjahr entfalten sich ca. 6–10 breite Blätter, die zu einer Rosette angeordnet sind. Das ganzrandige Blatt ist seitlich leicht zur Blattoberfläche hin gekrümmt. Aus einer Pflanze können sich gleichzeitig mehrere blattlose Blütenstiele entwickeln, die jedoch jeweils immer nur eine Blüte ausbilden. Die nickenden weißen Blüten besitzen einen auffälligen Sporn und weisen auf der Unterlippe ein bis drei gelbe Male auf. Zur sicheren Unterscheidung der beiden wichtigsten hier behandelten Pinguicula-Arten seien zusammenfassend folgende Kriterien genannt (die Merkmale von Pinguicula vulgaris sind eingeklammert): Blüte weiß (blau mit weißem Schlund), Gaumen behaart (kein Gaumen vorhanden), Blütensporn nur ca. 3 mm kurz, kegelig abgestumpft (Sporn bis zu 6 mm lang und zugespitzt), kräftige dunkle Adventivwurzeln (Wurzeln meist dünn und heller gefärbt). Alle anderen Angaben zur Entwicklung, Blütenmorphologie oder Carnivorie gelten für Pinguicula alpina gleichermaßen wie für Pinguicula vulgaris.

Neben diesen beiden Arten sind im mitteleuropäischen Raum noch zwei weitere Pinguicula-Arten verbreitet, die sich nur unwesentlich von den beiden hier geschilderten unterscheiden. So findet man das Großblütige Fettkraut, Pinguicula grandiflora Lam., in Spanien, Frankreich, Irland oder in der Schweiz; Pinguicula leptoceras Reich., das Dünnspornige Fettkraut nur in den Alpenländern.

Das Alpen-Fettkraut ist im gesamten Alpengebiet recht weit verbreitet. Auf Quellmooren oder Kalkflachmooren kommt es in alpinen oder subalpinen Regionen ebenso vor wie auf sickerfeuchten Steinrasen oder Sumpfhumusböden. Auch außerhalb der Alpen sind besonders an moorigen Stellen zahlreiche Standorte bekannt, so z.B. am Bodensee, im Wurzacher Ried, bei Augsburg oder im Wiener Becken. Im europäischen Raum gibt es zwei Hauptverbreitungsgebiete. So finden wir – wie bereits erwähnt – im Alpenland das eine, in Nordskandinavien das andere. Abgesehen von einigen erloschenen Standorten in Schottland und vermutlich auch in Polen gibt es keine

Verbindung zwischen diesen beiden Verbreitungsgebieten. Außerhalb Europas kommt Pinguicula alpina noch im Himalaja und den angrenzenden Gebieten vor.

97–100 UTRICULARIA VULGARIS L., Gemeiner Wasserschlauch
    Familie: Lentibulariaceae (Wasserschlauchgewächse)
    Ernährungsart: Fleischfressende Pflanze
    Blütezeit: Juni–August

Dieser ungewöhnlichen Gattung verdankt die Familie ihren Namen, denn die Fangblasen dieser fleischfressenden Pflanze sind schlauchartig gestaltet. Andere volkstümliche Namen wie etwa Blasenkraut beziehen sich ebenfalls auf die Gestalt der Fangeinrichtungen. Wegen der attraktiven Blüten sind u.a. auch die Namen Wasserhelm oder Helmkraut noch heute gebräuchlich.

Die an Löwenmäulchen erinnernden Blüten sind zitronen- bis dottergelb gefärbt, der Kelch ist rötlich. Mehr als 10 Blüten sind an dem ca. 30 cm langen Sproß, der aus dem Wasser ragt, entwickelt. Bis auf den traubigen Blütenstand ist die gesamte Pflanze im Wasser untergetaucht. Sämtliche Sprosse und Blätter sind dunkel- bis hellgrün; dunkelbraune bzw. farblose Endsprosse, wie sie bei zahlreichen Utricularia-Arten vorkommen, und die auf dem Grund der Gewässer verankert sind, werden beim Gemeinen Wasserschlauch nicht entwickelt. Je nach Jahreszeit (vermutlich spielt auch die Lichtintensität des Standortes eine Rolle) können die Pflanzen manchmal bräunlich bis rötlich gefärbt sein. Die Blätter sind mehrfach gelappt und jeder Lappen zudem gefiedert. Bei kräftig entwickelten Pflanzen, die weit über einen Meter lang werden können, sind an den Blättern Hunderte von kleinen Bläschen ausgebildet, die zuerst grünlich sind, sich jedoch bald rötlichbraun anfärben. Auch bei Utricularia können zur Überbrückung von Kälteperioden bzw. Überwinterung kleine grüne Winterknospen gebildet werden, die man als Turionen bezeichnet. Sie entstehen an den Spitzen von Haupt- und Seitensprossen.

Früher ging man von der Annahme aus, die kleinen Bläschen an den Blättern würden als Schwimmvorrichtungen dienen. Es ist aber seit ungefähr hundert Jahren bekannt, daß diese Wasserpflanze mit Hilfe der Bläschen (Utrikeln) kleine Wassertiere fängt und verdaut. Solche kugeligen bis eiförmigen Gebilde können umgewandelte Blätter oder Blattabschnitte sein. Bei näherer Betrachtung erinnert ihre Gestalt durch das Vorhandensein von Tentakeln oder Antennen an kleine Wasserflöhe, die hier am Sproß bzw. Blatt sitzen.

Wie funktioniert nun diese Saugfalle? Der Innenraum dieses Bläschens ist mit Wasser gefüllt, das sich jedoch mit dem das Bläschen umgebende Wasser nicht vermengen kann, da die kleine Öffnung der Blase durch eine Klappe verschlossen ist. An der Blaseninnenwand stehen zahlreiche Drüsenhaare, von denen das eingeschlossene Wasser zum Teil resorbiert wird. Durch den dadurch hervorgerufenen Druckunterschied zwischen innerem und äußerem Medium steht die Blase ständig unter einer gewissen Spannung: die Klappe weicht dadurch etwas zurück, so daß nun durch die kleine Öffnung frisches Wasser mit kleinen Wassertierchen regelrecht hereingestrudelt wird. Da die Strömungsrichtung, wenn die Klappe die Öffnung freigibt, immer in die Blase führt und zudem die Öffnung von innen her reusenähnlich gestaltet ist, gelangen die Wassertierchen nicht mehr nach außen. Daß in den Bläschen tatsächlich ein Unterdruck herrscht, kann man am natürlichen Standort auf einfache Weise recht eindrucksvoll demonstrieren. Wenn man nämlich die Pflanze möglichst leise aus dem Wasser holt, wird man deutlich vernehmbare klickende und schmatzende Geräusche hören: es handelt sich dabei um nichts anderes als um den Druckausgleich der Saugfallen.

Utricularia vulgaris ist eine eurasiatische Pflanze, die überall in Mitteleuropa, besonders jedoch im nördlichen und östlichen Bereich vorkommt. Sicherlich gehört auch sie schon jetzt zu den selteneren Pflanzen, da sie so bedrohte Standorte wie alte

Teiche, Sumpfgräben und Moortümpel besiedelt; die größte Gefahr der Ausrottung dieser hübschen Pflanzen-Arten liegt in der Verunreinigung – jedoch auch in der natürlichen Austrocknung oder zu starker Strömung bestimmter Gewässer.

LITERATUR

Burgeff, H., 1954: Samenkeimung und Kultur europäischer Erdorchideen. Stuttgart

Buttenberg, H. v., 1951: Lehrbuch der allgemeinen Botanik. Berlin

Christmann, C., 1960: Le parasitisme chez les plantes. Leclerc, Paris

Danesch, O., 1969: Orchideen. Bern

Darwin, C., 1899: Insectenfressende Pflanzen. Stuttgart

Dörfler, R. u. G. Roselt, 1962: Unsere Heilpflanzen. Leipzig, Jena, Berlin

Eberle, G., 1952: Die Orchideen der deutschen Heimat. Frankfurt

Engler, A., 1964: Syllabus der Pflanzenfamilien, II. Angiospermen. Berlin

Esau, K., 1969: Pflanzenanatomie. Stuttgart

Fournier, P., 1961: Les quatre flores de la France. Paris

Füller, F., 1955–1972: Die Orchideen Deutschlands. Wittenberg–Lutherstadt

Fukarek, F., 1964: Pflanzensoziologie. Bd. 14. Berlin

Garms, H., 1969: Pflanzen und Tiere Europas. Braunschweig

Hegi, G., 1907–1974: Illustrierte Flora von Mitteleuropa. München

Heinricher, E., 1910: Die Aufzucht und Kultur der parasistischen Samenpflanzen. Jena

–, 1931: Monographie der Gattung Lathraea. Jena

Höhn, R., 1976: Seltsames aus dem Reich der Pflanzen. Leipzig

Kohlhaupt, P. u. H. Reisigl, 1974: Blumenwelt der Dolomiten. Bozen

Kugler, H., 1970: Blütenökologie. Stuttgart

Kuijt, J., 1969: The Biology of Parasitic Flowering Plants. Berkeley and Los Angeles

Litzelmann, E. und Bohme, F., 1958: Heimische Orchideen. Wittenberg–Lutherstadt

Mießner, E., 1965: Blumen in Wald und Flur. Leipzig, Jena, Berlin

Oberdorfer, E., 1962: Pflanzensoziologische Exkursionsflora für Süddeutschland. Stuttgart

Polunin, O., 1974: Pflanzen Europas. München

Rothmaler, W., 1967–1970: Exkursionsflora von Deutschland. Berlin

Sadovsky, O., 1965: Orchideen im eigenen Garten. München

Schaede, R., 1962: Die pflanzlichen Symbiosen. Stuttgart

Schlechter, R., 1970–1975: Die Orchideen. Berlin und Hamburg

Schmeil-Fitschen, 1967: Flora von Deutschland. Heidelberg

Schroeter, C., 1908: Pflanzenleben der Alpen. Zürich

Schulz, B., 1965: Fleischfressende

Pflanzen. Wittenberg

Strasburger, E., 1967: Lehrbuch der Botanik. Stuttgart

Summerhayes, V. S., 1968: Wild Orchids of Britain. London

Sundermann, H., 1970: Europäische und mediterrane Orchideen. Hannover

Troll, W., 1973: Allgemeine Botanik. Stuttgart

Tubeuf, C., 1923: Monographie der Mistel. München

Tutin, T. G., 1972: Flora Europaea, Vol. III. Cambridge

Urania-Verlag, 1974: Urania Pflanzenreich in drei Bänden. Jena, Leipzig, Berlin

Warburg, O., 1913–1922: Die Pflanzenwelt. Leipzig

Winkler, S., 1973: Einführung in die Pflanzenökologie. Stuttgart

Weberling, F. und Schwantes, H.O., 1972: Pflanzensystematik. Stuttgart

REGISTER

Die fettgedruckten Zahlen sind Bildnummern,
die gewöhnlichen verweisen auf Textseiten,
die Schwarzweißabbildungen sind durch den Zusatz Abb. gekennzeichnet

A

Aceras anthropophorum
127–131, **14**
Aldovandra 190, 191
Alpenhelm, Gemeiner
160, 161, **53, 54**
Alpenrachen 16,
178–180, **73, 74**, Abb.
10, 11
Ameisen 150
Anacamptis pyramidalis
114, 128, 131, 130, **15**
Aucubin 174
Augentrost, Großer
162–166, **57, 58**
– Kleiner 164
– Steifer 164, **59**
– Straffer 164, 165

B

Bakterien 148, 190
Bakterienknöllchen 7,
Abb. 1, 2
Bartsia alpina 160, 161,
53, 54
Basidiomyceten 9
Bellis perennis 176

Bergflachs 149, 150, **39**
– Bayerischer 147–149,
37, 38
Berg- Gamander 187
Berg- Kuckucksblume
113, 118, **4**
Biene 123
Blasenkraut 198
Blutungssaft 180
Bocksorchis 130, **16**
Bocksriemenzunge 131,
16
Brändlein 115, **6**
Braunelle 115, **6**
Buche 136, 139
Buchenspargel 138, **26**

C

Carnivoren 15, 16, 179,
190, 196, 197
Cephalantera 110
– damasonium 110
– longifolia 111
– rubra 110, **2**
Chlorophyll 11, 138
Coleus 144
Convolvulaceen 146
Corallorhiza trifida 133,

135–138, **19**
Cuscuta 107, 143–147,
162
– epithymum 145–147,
35, 36
– europaea 15, 143–147,
162, 33—36
Cuscutaceae 144
Cypripedium calceolus
109, 132, **1**

D

Dactylorchis 117
Dactylorhiza 114, 117,
118, 127
– fuchsii 119
– incarnata 121
– maculata 119, **8**
– majalis 120, **9**
– sambucina 117, **7**
Dingelorchis 132–134,
17, 18
Dionea 108, 190, 191
Dipsacus 108
Doldenblütler 186
Drosera 189–194, 196
– anglica 192–194,
87—89
– intermedia 193, 194,

BILDNACHWEIS

INHALT

DANK

Meinem Lehrer, Herrn Professor Dr. Focko Weberling, Abteilung Spezielle Botanik an der Universität Ulm, möchte ich herzlich für die zahlreichen Anregungen und Diskussionen zum Thema ›Ernährungsspezialisten der höheren Pflanzen‹ danken.

Für die Anfertigung von Präparaten und Ausführung der elektronenmikroskopischen und zeichnerischen Arbeiten, die aufgrund eigener wissenschaftlicher Untersuchungen größtenteils bereits in Fachzeitschriften veröffentlicht wurden, gebührt besonderer Dank Fräulein Marianne Hildenbrand, Frau Christel Necker und Fräulein Ursula Schultheis.

BELSER BÜCHEREI

In gleicher Ausstattung sind erschienen:

Alpenblumen I
Farbige Wunder
Von Paula Kohlhaupt
ISBN 3-7630-1805-0

Alpenblumen II
Farbige Wunder
Von Paula Kohlhaupt
ISBN 3-7630-1809-3

Alpenblumen I/II
Farbige Wunder
Von Paula Kohlhaupt
ISBN 3-7630-1894-8

Amphibien und Reptilien
Europas
Von Ludwig Trutnau
Vorwort von Heinz Wermuth
ISBN 3-7630-1831-X

Aquarienfische
Von Erich Braum und
Klaus Paysan. Vorwort von
W. Ladiges
ISBN 3-7630-1827-1

Gartenblumen
Von Edgar Gugenhan. Vorwort
von Lennart Graf Bernadotte
ISBN 3-7630-1825-5

Käfer
Von Franz Peter Möhres
ISBN 3-7630-1808-5

Kakteen
Von Wilhelm Barthlott
Vorwort von Werner Rauh
ISBN 3-7630-1833-6

Pilze
Von Patrick Joly
Vorwort von Meinhard Moser
ISBN 3-7630-1829-8

Rassehunde
Von Leni Fiedelmeier
Vorwort von Robert Bandel
ISBN 3-7630-1828-X

Rassekatzen
Von Rosemarie Wolff und
Helga Braemer
ISBN 3-7630-1830-1

Rassepferde
Von Leni Fiedelmeier
ISBN 3-7630-1832-8

Wildlebende
Säugetiere Europas
Von Claus König
Vorwort von Wolf Herre
ISBN 3-7630-1822-0

Schmetterlinge I
Tagfalter
Von Othmar Danesch
und Wolfgang Dierl
Vorwort von Walter Forster
ISBN 3-7630-1814-X

Schmetterlinge II
Nachtfalter
Von Othmar Danesch
und Wolfgang Dierl
Vorwort von Walter Forster
ISBN 3-7630-1820-4

Schmetterlinge I/II
Tag- und Nachtfalter
Von Othmar Danesch und
Wolfgang Dierl
ISBN 3-7630-1895-6

Edle Steine
Von Rudolf Metz und
Arnold E. Fanck
Vorwort von Paul Ramdohr
ISBN 3-7630-1813-1

Tiere des Waldes
Von Josef Reichholf
ISBN 3-7630-1835-2

Vögel Europas I
Von Claus König
Vorwort von Ernst Schütz
ISBN 3-7630-1817-4

Vögel Europas II
Von Claus König
ISBN 3-7630-1818-2

Vögel Europas III
Von Claus König
ISBN 3-7630-1824-7

Vögel Europas I/II/III
Von Claus König
ISBN 3-7630-1896-4

Waldblumen
Von Heinz Paul
ISBN 3-7630-1826-3

Welt unter Wasser
Von Franz P. Möhres und
Siegfried Köster
ISBN 3-7630-1811-5

Wiesen- und Ackerblumen
Von Helmut Freitag und
Fritz Schwäble
Vorwort von Heinrich Walter
ISBN 3-7630-1816-6

Wiesen- und Waldblumen
Von Heinz Paul, Helmut Freitag
und Fritz Schwäble
ISBN 3-7630-1897-2